臨床心理フロンティアシリーズ
認知行動療法入門

シリーズ編集・監修 下山晴彦

熊野宏昭・鈴木伸一・下山晴彦 著

序　文

　本書は，公認心理師を目指す人，あるいはすでに心理職として活動している人が臨床心理学を本格的に学ぶための，まったく新しいタイプのテキストシリーズ第1巻です。

　心理支援サービス専門職の国家資格である公認心理師は，利用者である国民への説明責任を果たすことが必要となります。そのため，有効性が実証されている方法を使用するエビデンスベイスド・プラクティスが求められことになります。そして，その教育訓練の根幹にあるのが，臨床心理学です。

　したがって，**臨床心理学は，公認心理師とともに新たな地平（フロンティア）に踏み出すことになります。**本シリーズは，このような臨床心理学の新たな内容を先取りしていることにちなんで，名称を“臨床心理フロンティア”としました。

　内容が新しいだけではありません。**臨床心理学の新しい学習の仕方**を提案するものともなっています。本シリーズは，各著者が講義をしている動画講座と組み合わせて学習ができるシステムとなっているのです。多くの読者は，本書を読んで「さらに詳しく知りたい」，「著者の講義を直接聴いて学びを深めたい」と願うことと思います。**本シリーズは，そのような読者の願いを叶えるシステムになっています。**

　本シリーズと同名の**臨床心理フロンティアのオンライン学習システム**が，会員限定ですでに公開されています。それは，公認心理師が学ぶべき臨床心理学の主要テーマを，その領域の第一人者が講義している動画をテキスト教

材として，e-ラーニング形式で学ぶことができるシステムです。本書は，その中から認知行動療法の基本に関する4講義を選択し，書籍としての読み易さを重視して再構成したものです。なお，再構成にあたっては，宮川純氏に多大な協力をいただきました。宮川氏が臨床心理フロンティアの映像講義から本書の第一段階の草稿を書き出し，講義を担当した著者がその草稿に修正加筆をして文章を完成させるというプロセスを経て本書が出来上がりました。原稿作成協力をいただけたことに関して，記して宮川氏に感謝いたします。

　そこで，本書の読者は，以下の手続きで**著者が講義する動画講座を視聴し，学習を深めることができます**。臨床心理フロンティアの動画講座の視聴を希望する方は，まず下記の一般社団法人臨床心理iネットのホームページにアクセスしてください。

https://clin.or.jp/ （→ 臨床心理iネット で検索）

■臨床心理士，臨床発達心理士，日本心理臨床学会会員，日本臨床心理士資格認定協会が定める指定大学院及び専門職大学院の院生は，「臨床心理フロンティア会員登録」のボタンをクリックして会員登録することで，全動画講座を無料で視聴できます。
■上記以外の方で，今後公認心理師を目指すことを考えている読者は，「認知行動療法入門」をクリックした後に，パスワードとして**26tia**（ふろんてぃあ）を記入し，会員登録をすることによって本書の著者の動画講座を視聴することができます。

　読者の皆様が臨床心理フロンティアシリーズを通して臨床心理学の学習の新たな地平に進み，そして**次の時代の臨床心理学を担う専門職**になっていかれることを心より期待しております。

下山晴彦

臨床心理フロンティアシリーズ
認知行動療法入門

目次

序文·· iii

第 1 部　公認心理師のための認知行動療法の学び方 ··········1
下山晴彦

第 1 章　内容の概略　　　　　　　　　　　　　　　2

第 2 章　環境と人間の相互作用をみる　　　　　　　8

第 3 章　クライエントと並ぶ関係を創る　　　　　15

第 4 章　共感を基本とする　　　　　　　　　　　19
当面の問題を特定する(1)　26
当面の問題を特定する(2)　27

第 5 章　認知行動療法におけるアセスメント　　　29
①刺激　32
②反応　33
③結果　34

第 6 章　ケース・フォーミュレーション　　　　　37
①図式化すること(外在化)　38
②病気を診断するものではない　39

第 7 章　認知行動療法は，過去を無視する？　　　44

第 8 章　現実に介入する　　　　　　　　　　　　51
①状況に介入する　53
②反応に介入する　55

Column　さまざまな介入技法　　　　　　　　　59

第 9 章　効果のある技法を用いる　　　　　　　　64

第10章　まとめ　　　　　　　　　　　　　　　　69

第 1 部　確認問題 ·· 72

v

第1部　確認問題／解答 ･･････････････････････････ 74

第2部 認知行動療法の基本技法を学ぶ ････････････････ 75
鈴木伸一

第1章　認知行動療法の特徴　　　　　　　　　　　 76

第2章　認知行動療法の基本要素　　　　　　　　　 83
　　　　認知行動療法の4本柱　87

第3章　ポイント1：ケース・フォーミュレーション　 90

第4章　ポイント2：エクスポージャー法　　　　　 98

第5章　ポイント3：オペラント学習　　　　　　　 109

第6章　ポイント4：認知再構成法　　　　　　　　 116

第7章　認知行動療法セラピストの役割　　　　　　 123

第2部　確認問題 ･･････････････････････････････ 126
第2部　確認問題／解答 ･･････････････････････････ 128

第3部 ケース・フォーミュレーション入門 ･･･････････ 129
下山晴彦

第1章　内容の概略　　　　　　　　　　　　　　　 130

第2章　ケース・フォーミュレーションとは何か　　 135

第3章　ケース・フォーミュレーションの要素　　　 140

第4章　ケース・フォーミュレーションの種類　　　 145

第5章　ケース・フォーミュレーションの作り方　　 156

第6章　機能分析　　　　　　　　　　　　　　　　 164

事例　164

第7章　認知モデル　　　　170
事例　170

第8章　維持要因としての役に立たない不安対処　176
第9章　問題維持パターンと介入のポイント　181

第3部　確認問題　187
第3部　確認問題／解答　188

第4部　新世代の認知行動療法を学ぶ……………………189
熊野宏昭

第1章　新世代の認知行動療法とは　　　190
行動療法と認知療法の共通点・相違点　191
認知行動療法の限界　193
新世代の認知行動療法　196

第2章　行動療法の系譜から　　　199
行動から人を見る　199
行動分析学と新世代の認知行動療法の視点の違い　200
習慣的行動とは　201
機能分析　203
ABCDE分析とそれに基づく介入ポイント　204
行動活性化療法　206

第3章　事例に基づく理解：広場恐怖　　　209
ACTの「OS」　209
ACTの「OS」から見た行動活性化　210
事例：広場恐怖のAさん　212
Aさんの機能分析　213
Aさんへの介入　214

vii

第4章　言語行動の光と影　217

「頭でっかち」になる基盤　217
バーチャルな世界を作り出す力　218
言語行動のダークサイド　220
事例による理解　221
頭でっかちには，マインドフルネスで対抗　223

第5章　ACT の進め方　229

創造的絶望　229
ACT の進行　230
創造的絶望の効果　232
観察者としての自己の自覚　233
注意の分割　235
そして，行動活性化も進めていく　236
ACT のアセスメント　238
まとめ　240

第4部　確認問題 ・・・・・・・・・・・・・・・・・・・・・・・・・・・・・・・・・・・・243
第4部　確認問題／解答 ・・・・・・・・・・・・・・・・・・・・・・・・・・・・・・・244

索引 ・・245

イラスト：かわいしんすけ

第1部

公認心理師のための
認知行動療法の学び方

第 1 章

内容の概略

　第 1 部では，公認心理師のための認知行動療法の「学び方」をお伝えしていきます。まず，第 1 部の目標を以下に示します。

第 1 部の目標

公認心理師法の成立・公布，そして施行を受けて
↓
社会／利用者に心理支援の有効性を伝える説明責任
↓
エビデンスベイスド・プラクティスの必要性
↓
有効性が実証されている認知行動療法の必要性
↓
認知行動療法の習得の基本的ポイントの解説

　2015 年 9 月に公認心理師法[*1]が国会で成立し，公布されました。この公認心理師法は，日本初の心理職の国家資格である公認心理師に関する法律で，2017 年 9 月に施行されました。ちなみに，心理職で最も有名な資格は，日本臨床心理士資格認定協会による臨床心理士ですが，臨床心理士は国家資格ではなく民間資格です。そのため公認心理師の誕生に伴い，なぜ民間資格ではなく国家資格としての心理職が必要なのか，社会や利用者に心理支援の有効性を伝える説明責任が生じます。

---

*1 公認心理師法／ 2015 年 9 月 16 日に国会で成立し公布された。公布から 2 年以内に施行されることが定められており，公認心理師は 2017 年 9 月 15 日までに施行された。初の公認心理師資格試験は 2018 年に行われる。

 では，説明責任を果たすために何が必要でしょうか。個人の経験や個人の感覚に基づく説明では，万人を納得させることは難しいことでしょう。公認心理師がその活動を説明するにあたり求められることは，客観的な効果研究によって効果が明確に認められた「根拠に基づく実践」です。このことを**エビデンスベイスド・プラクティス**といいます。
 このエビデンスベイスド・プラクティスを早い段階から実践し，すでに多くの効果研究によって有効性が実証されている介入技法が，本書で紹介する**認知行動療法（CBT）**[*2]です。本書を手にしている人のほとんどは，すでに認知行動療法という名称は知っていることと思います。しかし，日本のいわゆ

---

*2 CBT（Cognitive Behavior Therapy）／認知行動療法の略称。

る心理臨床学[*3]では認知行動療法はまだマイノリティであり，認知行動療法を実践したいと考えていても，体系的に学ぶことが難しいのが現状です。

　そこで第1部では，これから認知行動療法を習得する人のための基本的なポイントを解説していきたいと思います。以下に，第1部で学んでいただきたい認知行動療法の特徴を列挙します。

[*3] **心理臨床学**／主に無意識の存在や夢分析を理論背景に持つ「精神分析学」や，一般的にカウンセリングモデルとして知られる「来談者中心療法」を中心として，日本独自の発展を見せた活動を指す。日本の臨床心理学は，未だ心理臨床学が主流である。

第1章 ◆ 内容の概略

認知行動療法の特徴

■協働的であること
■問題解決志向的であること
■問いを通しての問題の明確化を重視すること
■行動に注目すること
■要約とフィードバックを用いること
■構造化されていて能動的であること
■実施期間が区切られていること
■実証主義に基づくこと
⇒ CBT の特徴を理解し，実践するためのポイントをわかりやすく説明する

(ウエストブルック他，2012，p.48 を参考に作成)

いきなり特徴を並べられても困惑することでしょう。しかし上記の特徴については本書全体を通じて1つ1つ説明していくので，安心してください。一通り目を通した後で，改めて見直せば，確かに認知行動療法が上記の特徴をもっていることをご理解いただけることでしょう。

また，すでに何らかの形で心理臨床に関わっている人に対しては，認知行動療法に関わる「誤解」も解消していきたいと思っています。「認知行動療法は，相手を説得して考えを変えさせる」「認知行動療法は，無意識には関心がない」など，さまざまな誤解や思い込みを受けている側面があり，本書がそういった誤解を修正する機会を与えるものになればと思っています（認知行動療法に対する代表的な思い込みについては次ページの表を参照）。

5

認知行動療法にはさまざまな「誤解」がある

表 1.1 認知行動療法（CBT）に対する思い込み

☐	CBT では共感的関係は重要ではない。
☐	CBT は機械的にテクニックを適用する。
☐	CBT はポジティブな思考を求める。
☐	CBT は過去を扱わない。
☐	CBT は根本的問題ではなく表面的症状を扱う。
☐	CBT は単純な問題を対象とし，複雑な問題は扱えない。
☐	CBT は相手を説得して考えを変えさせる。
☐	CBT は思考（認知）に関心を払うが，感情は扱わない。
☐	CBT は学びやすく簡単に実践できる。
☐	CBT は無意識には関心が無い。
☐	CBT は高い知性や理性が必要である。

（ウエストブルック他, 2012, pp.42-49 を参考に作成）

　さらに，心理臨床に関わっていない人にも「心理療法は，〜でなければならない」という思い込みがあるかもしれません。日本ではすでにカウンセリングや力動的心理療法[*4]が有名であるが故に，これらの考え方が先入観となっている可能性があります。本書では，これらの先入観から自由になり，認知行動療法を適切に学ぶ道筋を提供できればと思っています。

---

*4 力動的心理療法／精神分析学の理論に基づく心理療法のこと。精神分析学については注 3 も参照。

第1章 ✦ 内容の概略

本講義で伝えたいこと

■ CBT に関する "思い込み" を解く。
■ カウンセリングのモデルから自由になる。
■ 力動的心理療法のモデルから自由になる。
■ CBT を適切に学ぶ基本的道筋を示す。

**第1章
まとめ**

● 心理職初の国家資格「公認心理師」の誕生に伴い，心理支援の有効性を伝える説明責任が生じる。

● 個人の感覚や経験による説明ではなく，「エビデンスベイスド・プラクティス」に基づいた説明が求められている。

● エビデンスベイスド・プラクティスに基づく代表的な介入技法が「認知行動療法」である。

7

第 2 章

環境と人間の相互作用をみる

　認知行動療法を学ぶにあたり，まず「認知行動療法は，問題をどのように理解するか」を考えたいと思います。

　さて，そもそも「問題を理解する」とは，どのようなことなのでしょうか。認知行動療法に限らず，臨床心理学におけるさまざまな介入技法は，それぞれ独自の視点で「問題の理解」を行っています。いくつか例を挙げて紹介しましょう。

① 精神分析学（力動的心理療法）の場合

・問題を抱える者は，過去に何らかの心の傷つき体験をしている。

・心の傷つき体験を思い出したくないため，その体験が意識できなくなるよう，無意識に閉じ込める（抑圧する）。

・しかし，この無意識に抑圧された心の傷つき体験が「思わず」表出してしまうことで，さまざまな問題行動や葛藤が生じる。

　→精神分析学では，問題を「無意識に抑圧された心的外傷体験」と理解している。

② カウンセリングモデル（ロジャース派）の場合

・問題を抱える者は，自分が想定している理想の自分（自己概念）と，現実の自分（経験）が一致していない。

・現実の自分を理想の自分に合うように歪めて理解したり，理想の自分に合わない現実の自分を無視したりする。

・このような歪みや無視が，不適応の原因となる。現実の自分を，歪みなく無視することなく受け入れることを目指す。

　→カウンセリングモデルでは，問題を「理想と現実の不一致」と理解している。

第 2 章 ◆ 環境と人間の相互作用をみる

「問題を理解する」とは？

認知行動療法ではどのように問題を理解するのでしょうか。まず，以下の図をごらんください。

認知行動療法の基本構造

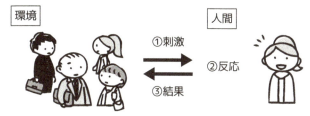

日々の生活では①～③の循環が起こっている

まず我々が生きている「環境」[*5]があります。この環境からさまざまな刺激

[*5] **環境**／ここでいう「環境」とは，森や河川などの自然環境ではなく，他者との会話や交流など生活場面のことを指す。例えば，左の例における「近所の人」は環境に相当する。

9

を受けることで，人間はさまざまな反応をします。そしてその人間の反応が，結果として環境に影響を与え，その影響が新たな刺激を生み出します。

　例えば，以下のような例が挙げられます。
① **刺激**　近所の人に出会って，挨拶された。
② **反応**　うれしさとともに笑顔になり，挨拶を返した。
③ **結果**　挨拶を返した結果，相手も笑顔になった。
①' **刺激**　近所の人に翌日会った時も，挨拶をしてくれた。

　このように，**刺激―反応―結果の循環**があります。

　認知行動療法では，環境と人間の相互作用によって生じる**刺激―反応―結果の循環**に注目します。なぜならば，環境と人間の相互作用の仕方によっては，問題を悪化させる循環に陥る可能性があるからです。

環境と人間の相互作用をみる

■**CBT は，問題と環境と人間の反応の相互作用（刺激－反応－結果）の枠組みで問題をみていく。**
　⇔カウンセリングモデルは，主観的世界（現象学的世界）における自己概念に注目する。
　⇔力動的心理療法モデルは，個人の内的世界の葛藤に注目する。

　例えば，先ほどの例を少しアレンジしてみます。
① **刺激**　近所の人に出会って，挨拶された。
② **反応**　どう返事したらよいか，考えこんでしまった。
③ **結果**　相手は怪訝そうな目で見て，去っていった。
①' **刺激**　近所の人に翌日会ったが，挨拶されなかった。
②' **反応**　嫌な思いをさせてしまった，何とかしなければと，さらに考え込んでしまい，結局何も言えなかった。
③' **結果**　相手は，何も言わずに去っていった。

　このように認知行動療法では，環境と人間の相互作用が悪循環に陥ってしまった時に問題が生じる，と考えます。

ここでポイントとなる点が「問題は心の中だけではない」ということです。例えば精神分析学は無意識を想定し，カウンセリングモデルは主観的な自己概念（理想の自分）を想定するなど，どちらも「心の中」に焦点を当てる傾向があります。しかし認知行動療法は，常に現実の環境との相互作用をみていく点に，違いがあります。心の中だけの問題ではなく，現実の環境との相互作用が悪循環に陥ってしまった時に，問題が維持・悪化されると考えるのです。

問題を維持する悪循環をみる

■CBTは，環境と人間の反応（認知×感情×身体×行動）の悪循環が問題を維持・悪化させているとみなす。
 ⇔カウンセリングモデルは，主観的世界の自己概念と経験の不一致に問題の原因があるとみなす。
 ⇔力動的心理療法モデルは，内界の意識と無意識の葛藤に問題の原因があるとみなす。

認知行動療法における「問題の理解」を，別の例も紹介していきながら，もう少し深めていきましょう。具体的には，先ほどの「刺激―反応―結果の図式」における「反応」の部分を，もう少し詳しく細分化したいと思います。

人間の反応には，さまざまな反応があります。認知行動療法ではその反応

を，①**感情**，②**認知**，③**身体**，④**行動**，の4つに分類しています。そして，それぞれが相互に関係していると考えます。

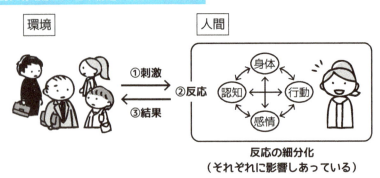

認知行動療法の基本構造：刺激─反応図式

　例えば，会議の席で手が震えて書類にサインができない場合を考えてみましょう。会議の場になると，極度の不安や緊張が現れるとします（→**感情**）。すると「資料は完全だろうか」「サインできなかったらどうしよう」「叱責されたらどうしよう」という考えが浮かびます（→**認知**）。すると，動悸が激しくなり，手が震えます（→**身体**）。手が震えると，サインが書けなくなってしまいます（→**行動**）。これら，感情・認知・身体・行動は相互に関連しあい，何もできない状況になってしまうのです。

　その結果，会議でサインがうまくできないと，周囲から「大丈夫ですか？」と心配されたり，注目されたりするわけです。すると，注目されることで，ますます何もできなくなってしまいます。感情・認知・身体・行動といった反応も，ますます強くなることでしょう。このようにして悪循環が進んでしまうのです。

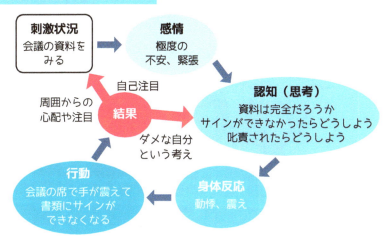

　このように認知行動療法では，問題を「環境と人間の相互作用の中で生じる悪循環」として理解します。よって，問題を抱えた人が，どのような環境におかれていて，どのような悪循環を抱えているかを見つけ出すことが，認知行動療法の実践において非常に重要な役割を果たすのです。

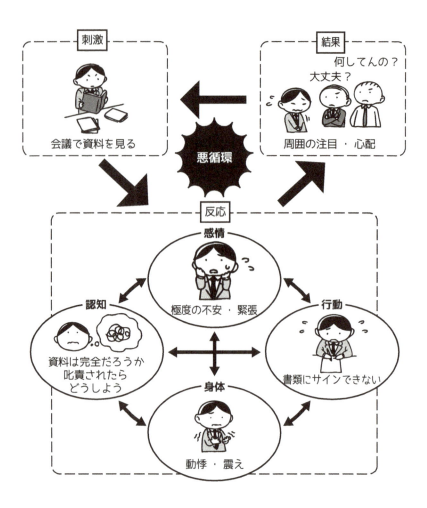

第2章 まとめ
- 認知行動療法では，環境と人間の相互作用（刺激―反応―結果の循環）が悪循環に陥った時に問題が生じる，と考える。
- 反応はさらに，①感情 ②認知 ③身体 ④行動 に分類され，相互に影響しあっている。
- 他の介入技法との大きな違いとして，心の中だけの問題ではなく，現実環境との相互作用を重視する点が挙げられる。

第 3 章

クライエントと並ぶ関係を創る

　次に，認知行動療法におけるクライエント*6との関係性について考えたいと思います。先ほどの「問題の理解」と同様，精神分析学やカウンセリングモデルと比較しながら，確認していきましょう。

① 精神分析学（力動的心理療法の場合）

・現実から切り離された面接室の中で，自由連想法*7などを用い，クライエントの無意識を解釈していく。

・無意識を解釈していく過程でクライエントに生じる，セラピストに向けられた転移感情*8の分析を行う。

　→無意識の解釈のために，セラピストとクライエントの二者関係が重要となる。

② カウンセリングモデルの場合

・現実から切り離された面接室の中で，カウンセラー*9はクライエントが安心して自分の問題に向き合える関係性をつくる。

・クライエント自身が語る言葉に共感・受容することで，クライエント自身の自己回復力・自己成長力を期待する。

---

*6 クライエント／問題を抱えて心理相談室や心理クリニックなどを訪れた人のことを，クライエントと呼ぶ。「来談者」と訳されることもあるが，多くの場合そのまま「クライエント」と記される。

*7 自由連想法／頭のなかに思い浮かんだことをすべて話すことで無意識の意識化を目指す，精神分析学の代表的な介入技法。

*8 転移感情／本来別の他者に向けるべき感情が，セラピストに向けられることを転移という。例えば両親に対する求愛的な感情が転移して，セラピストに求愛的な感情を見せることが挙げられる。

*9 カウンセラー／第１部では原則として，精神分析学（力動的心理療法）の立場の者を「セラピスト」，カウンセリングモデルの立場の者を「カウンセラー」と表記する。また，認知行動療法の立場の者は，主に「心理職」と表記する。

→クライエントに対する共感・受容のために，カウンセラーとクライエントの二者関係が重要となる。

　精神分析学とカウンセリングモデルのいずれも，クライエントとの二者関係が重視されていることがわかると思います。さらに，精神分析学においては，セラピストがクライエントの無意識に踏み込んでいくことや，クライエントが（本来セラピストに向けるべきではない）転移感情をセラピストに向けていくこと…など，セラピストとクライエントが「向き合い，重なり合う関係」が重視されます。

　これは，カウンセリングモデルも同様です。カウンセラーがクライエントの言葉に共感・受容するということは，「問題を2人で一緒に抱え込む関係性」であり，カウンセラーとクライエントが「向き合い，重なり合う関係」と考えることができます。

　しかし，認知行動療法が目指すクライエントとの関係は「向き合い，重なり合う関係」ではありません。では，どのような関係を目指すのでしょうか。

クライエントと並ぶ関係を創る

■CBT では，心理職は，現実で起きている問題を外在化（対象化）し，クライエントと一緒に観察し，問題解決に取り組む並ぶ関係（＝協働関係）を形成する。

⇔カウンセリングモデルは，現実から切り離された面接内でクライエントに共感し，安心して問題に向き合える2者関係をつくることを目指す。

⇔力動的心理療法モデルは，現実から切り離された治療構造の内でクライエントと間で向き合う治療関係を構成し，2者関係に表れる問題の転移−逆転移関係の分析を目指す。

　認知行動療法が目指すクライエントとの関係は「並んで眺める関係」です。まず，前の章でお伝えした「刺激―反応―結果」の悪循環を，心理職とクライエントの双方が目に見える形で図示します。この作業を問題の外在化とい

います。そして，ただ問題を外在化して終わりではなく，心理職とクライエントが共に，外在化された悪循環を一緒に眺めながら，今後について検討していくのです。なお，この「並んで眺める関係」のことを，協働関係といいます。

日本ではカウンセリングモデルが広く知られているため，認知行動療法を学ぼうとしても，クライエントを受容し，安心して問題に向き合える二者関係をつくることに専心してしまう可能性があります。しかし，これまで説明してきたように，認知行動療法と他の介入技法では，クライエントとの関係の作り方そのものが違います。クライエントの問題を抱え込みながら認知行動療法をやろうとしても，適切な実践はできないことになります。

認知行動療法におけるクライエントとの関係性は，問題を外在化した上で「並んで眺める関係性」であるということは，認知行動療法を学ぶ土台として，しっかり認識しておく必要があります。多くの認知行動療法を学ぶ本が出版されていますが，このような心理職とクライエントとの関係について触れている本は決して多くないので，ぜひしっかり意識していただきたいと思います。

ところで，ここまで読まれた方の中には「では，認知行動療法において，クライエントへの共感は不要なのか」と思われた方もいるかもしれません。そんなことは決してありません。むしろ，認知行動療法では共感を基本とし

第1部　公認心理師のための認知行動療法の学び方

ます。ただし，認知行動療法も共感を基本とするとなると，今度はカウンセリングモデルと一緒ではないか，と思われるかもしれません。それもまた違います。

　そこで次の章では，認知行動療法における「共感」とは何かについて紹介していきたいと思います。

第3章
まとめ

●認知行動療法が目指すクライエントとの関係は「並んで眺める関係（＝協働関係）」である。

●「並んで眺める関係（＝協働関係）」のために，問題を抱え込むのではなく，問題を外在化することが重要となる。

18

第 4 章

共感を基本とする

　認知行動療法において共感能力は基本技能です。そのため大学院で認知行動療法を学ぶ場合は，まず共感の訓練を行ってもらいます。しかし，初学者はなかなかこの共感がうまくいきません。頭を抱えてしまう学生もいます。それでも，認知行動療法に共感は必要です。さて，認知行動療法における「共感」とは，どのような共感なのでしょうか。そしてなぜ，共感が必要なのでしょうか。以下に，認知行動療法における共感についてまとめます。

正確な共感をする

- ■CBT において共感能力は，基本技能として必須となっている。
- ■ただし，CBT の共感は，情緒的共感ではなく，具体的な問題理解に基づく**正確な共感**をすることが目的となっている。
- ■共感は，クライエントの受容のためではなく，アセスメント（情報収集）の土台となる協働関係を形成するために行う。
- ■アセスメントの結果によって問題が具体的に明らかになることで，クライエントへの，より正確な共感が可能となる。
- ■したがって，CBT において共感とアセスメントは表裏一体の関係となっている。

　共感が必要となる目的の1つは，**アセスメント**[*10]の土台となる協働関係を形成することです。多くのクライエントは，自分自身に対する不安だけでなく，相談相手に対する不安も抱いています。

19

「本当にこの人に,自分の悩みを話してもいいのだろうか?」
「この人は,自分のことを本当に理解してくれるのだろうか?」

そこで,心理職がクライエントに共感をします。その結果,
「この人だったら,自分の悩みを話してもいいかな?」
「この人なら,自分のことを理解してくれるかもしれない」

このようにクライエントに思ってもらうことではじめて,クライエントは自分の傷つきやすい部分や秘密の部分を語ってくれることでしょう。そういう関係性を築くためにも,どうしても共感は必要になるのです。

しかし,とりあえず共感すればいい,というわけではありません。ここで重要となることが「どんな共感をするのか」ということです。カウンセリングモデルで重要視されるのは,主に「情緒的な共感(共感的理解[11])」ですが,認知行動療法で重視されるのは,情緒的な共感に加えて,具体的な問題

---

[10] アセスメント/「査定」とも呼ばれる。適切な援助方法を検討するために,観察・面接・心理検査などを用いながらクライエントの全体像を理解する過程のこと。簡単に言ってしまえば「あなたって,どんな人なの?」ということを知ろうとする過程を指す。

[11] 共感的理解/カウンセラーは,あたかもクライエントの立場になったかのように,クライエントの視線で感情や問題を理解しようとすること。カウンセリングモデルにおけるカウンセラーの3条件の1つと呼ばれている。

理解に基づく「正確な共感」です。さて,「情緒的な共感」と「正確な共感」は,何が違うのでしょうか。

> ## 共感の違い
>
> ⇔ カウンセリングの共感は,クライエントの受容が目的となっている。受容されることでクライエントが問題理解を深めると想定され,共感が自己目的化している。
> ⇔ カウンセリングにおいてアセスメントは,クライエントを対象化・客観化するものとして,共感と矛盾するものとされがちである。
> ⇔ 力動的心理療法のアセスメントは,精神分析の適用可能性を判断するための病態水準の評価が目的となりがちで,共感とアセスメントが表裏一体という発想は薄い。

カウンセリングモデルにおける「情緒的な共感」は,クライエントの受容を目的として行われます。例えば,クライエントが「つらい」と言えば,カウンセラーも「つらいですね」と共感し,クライエントの情緒を受容する。クライエントが「寂しい」と言えば,カウンセラーも「寂しいですね」と共感し,クライエントの情緒を受容する。このようにして,クライエントの情緒を受け止め,前章でお伝えしたように,問題を一緒に抱え込むことが求められているわけです。

カウンセリングモデルにおける「共感」

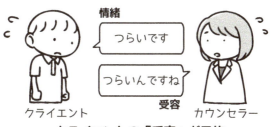

クライエントの「受容」が目的

対して，認知行動療法における「正確な共感」は，クライエントのアセスメントを目的として行われます。例えば，クライエントが「つらい」と言えば，心理職は無条件にその情緒を受容するわけではありません。クライエントに「どのようにつらいのか」を尋ねるのです。結果として「周りから一方的に叱咤される」「一人で責任ある仕事を続けなければならない」などの，クライエントの具体的な問題が明らかになったとします。すると心理職は「あなたは一方的に叱咤されている。一人で責任を背負わないといけない。その状況は確かにつらいですね」という，具体的な問題理解に基づく「正確な共感」が可能となるわけです。

このように，認知行動療法における共感はクライエントの正確な理解（＝アセスメント）と表裏一体になっています。

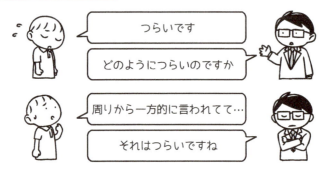

クライエントの「アセスメント（理解）」が目的

カウンセリングモデルでは，クライエントが受容されることで，クライエント自身が問題理解を深めると想定されています。クライエントがカウンセラーに受容される環境にあれば，クライエントが自己実現に向かって歩み出すということが，かなり楽観的に想定されています。そのため「共感すれば何かが起こる」という期待のもと「とりあえず共感すればいい」ということに陥りがちです。

第4章 ◆ 共感を基本とする

> カウンセリングの「楽観性」

　また，力動的心理療法のアセスメントは，精神分析の適用可能性を判断するための病態水準[*12]の評価が目的となりがちです。つまり，精神分析を適用できるかどうかというのがアセスメントの重要な役割となり，共感とアセスメントが表裏一体という発想は薄いといえます。

　認知行動療法では，クライエントへの正確な共感に基づき，環境との間に存在する悪循環を明らかにしていきます（→第2章）。そして，クライエントとその悪循環を並んで眺める関係を創り（→第3章），悪循環を改善していく対処をクライエントと共に考えていきます。このように共感とアセスメントを結びつけながら進めていくことが，認知行動療法において重要なのです。

[*12] 病態水準／精神分析（力動的心理療法）では，精神疾患の重篤度を3つの水準に分けており，それを病態水準と呼ぶ。具体的には，最も重篤ではない水準を神経症水準，次に境界例水準，最も重篤な水準を精神病水準と呼ぶ。

第1部 公認心理師のための認知行動療法の学び方

「正確な共感」の重要性を理解していただけたでしょうか。では，ここからは，アセスメントと結びつけながら正確な共感を行う過程を，紹介していきたいと思います。

「正確な共感」のために最初にすることは，問題を具体化，特定化していくことです。

第 4 章 + 共感を基本とする

問題を具体化，特定化していく

■CBT では，日常生活で生起している，観察可能な出来事として問題を把握していく。

■クライエントの主訴は，問題を特定化する入り口として重要である。しかし，クライエントは，問題を具体的に把握できていない。

■問題を正確に把握するために，出来事を具体的に記述し，介入の対象となる問題を特定化していく

⇔カウンセリングでは，問題を具体化するよりも，問題で苦しんでいるクライエントの心情や内的体験過程に焦点を当てる。

⇔力動的心理療法では，人生の課題や苦悩の原因を分析対象とするので，問題の具体化よりも，心的葛藤として抽象化する傾向が強い。

　認知行動療法では，日常生活で起きている観察可能な出来事として問題を把握していきます。例えば「人生むなしいです」とクライエントが言った場合，「どのようなときに，むなしく感じるのですか」「何をむなしいと感じるのですか」というように質問していきます。「むなしい」という言葉は，かなり抽象的です。しかし「むなしい」という感情が日常生活のどのような出来事によって起きているのかを把握していくことで，その「むなしい」という気持ちに正確に共感することが可能となるのです。

　なお，クライエントは，主訴[*13]をもってやってきます。それは問題を特定化する入り口としては重要です。しかし，クライエントは問題を具体的に把握できていないことが多いです。「何だかつらい」「何だか面白くない」という場合も少なからずあります。そういうときに，しっかり問題を特定化して具体化していきます。問題を正確に把握するために出来事を具体的に語ってもらい，介入の対象となる問題を特定化していくという作業が必要です。

[*13] 主訴／クライエントが何を求めて相談室に訪れたのかという，主な相談内容のこと。ただし，クライエントの主訴が必ずしもクライエントの抱える問題を正確に捉えられているとは限らない。

25

第1部　公認心理師のための認知行動療法の学び方

　以下に，アセスメントによってクライエントの当面の問題が特定され，具体化されていく例を示します（『　』が心理職の発言，「　」がクライエントの発言を表しています）。

当面の問題を特定する（1）
問題となっているのは，具体的にどのようなことか
『あなたが一番問題を考えていることは，どのようなことですか』
　→　「他人の前で，手が震えてしまうことです。」

　他人といってもいろいろな人がいます。この人は，どんな時でも，どんな人の前でも手が震えてしまうのでしょうか。問題はまだ具体化・特定化されていません。

『それは，どのような状況で起こるのですか』
　→　「たいていは会議で起こります」

　いつも手が震えるわけではないようです。また，親や恋人の前で手が震えてしまう人もいますが，この人はそういうわけでもないようです。手が震える場面は，主に会議であることが特定されました。

『それは，いつ，どのように起こるのですか？』
　→　「契約書類を説明する最初の5分が特に多いです。また，参加者から注
　　　目されている時に起こる気がします」

　手が震えてしまう場面が，かなり特定されてきました。最初の「他人の前で手が震えてしまう」というだけの情報と比較すると，かなり具体化・特定化されたように思われます。

当面の問題を特定する（2）

『それは，どのような人といるときに起こりますか？』
　　→　「主要な会議メンバーがいるとき。特にＡ部長がいるとき。」
『では，どのような状況になると，問題は悪化しますか？』
　　→　「契約が取れていない案件があるとき」

　Ａ部長がいるとき，契約が取れていない案件があるとき，という重要な情報が得られました。どんな会議でも手が震えるわけではないようです。

『問題が少しでも改善することがあるとすれば，それはどのようなときですか？』
　　→　「契約が取れていない理由がはっきりしているときです」

　つまり，理由がはっきりしていれば，契約が取れなくてもさほど気にしないであろうことが推測されます。
　以上の流れをまとめます。

面接前「他人の前だと，手が震えてしまう」
面接後「Ａ部長が出席する会議の最初の５分で，理由が明確でないまま契約が取れていない案件があるときに，手が震えてしまう」

　前後を比較すると，状況をずいぶん具体的に理解できたことがわかると思います。結果として，クライエントの手が震えてしまうことについて「（とりあえず）手が震えてしまうのですね」ではなく「このような状況で，手が震えてしまうのですね」と，正確に共感できることでしょう。
　この正確な共感によって，クライエントは「自分の問題を正しく理解してもらえている」という感覚をもつことができ，自分の傷つきやすい部分や秘密の部分を，より詳細に語ってくれることが期待できます。そのことにより，よりクライエントの正確な理解（＝アセスメント）が進行します。

第1部 公認心理師のための認知行動療法の学び方

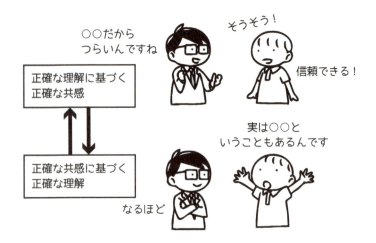

このように「正確な理解」が「正確な共感」を生み，「正確な共感」が「正確な理解」につながります。認知行動療法において共感とアセスメントが表裏一体であるのは，このためなのです。

> **第4章 まとめ**
> ● 認知行動療法では「情緒的な共感」ではなく「正確な共感」が求められる。
> ● 「正確な共感」とは，クライエントの具体的な問題理解に基づく共感のことである。
> ● 「正確な共感」は「クライエントの正確な理解（＝アセスメント）」と表裏一体になっている。

第 5 章

認知行動療法における
アセスメント

　前章「共感を基本とする」では，クライエントの「正確な理解」がクライエントへの「正確な共感」につながること，そして「正確な共感」が「正確な理解」につながることを，お伝えしました。

　本章では，クライエントの「正確な理解」を促進するために，認知行動療法におけるアセスメントの枠組みについて，より詳しくお伝えしたいと思います。

アセスメントの枠組み

■CBT のアセスメントでは，刺激－反応－結果の枠組みに基づき「環境（刺激場面）」「認知」「感情」「身体」「行動」「反応の結果」に関する情報を総合的に収集する。

■情報収集では，面接情報だけでなく，観察情報や検査情報を多元的に収集する。

⇔カウンセリングや心理力動療法では，面接室内での心の内面に関する語りの情報に偏りがちとなる。

⇔その結果，クライエントの自己の感情に関する面接情報（主観的語りデータ）という，断片的データから問題を捉えがちとなる。

　認知行動療法におけるアセスメントでは，これまでに紹介した刺激―反応―結果の枠組み[14]に基づいて情報を収集していきます。

---

*14 刺激―反応―結果／詳細は第 2 章を参照。

① **刺激（環境・場面）**
② **反応（感情・認知・身体・行動）**
③ **結果（反応の結果・環境の変化）**

　情報収集の方法は，**面接情報**による主観的な報告だけでなく，**観察情報**や**検査情報**なども用い，多元的に収集していきます。

　観察情報の例としては「問題が起こった場合，お母さんは何と言いますか」とか「お母さんは，その問題に対してどのような反応をしましたか」とか「会社の方はどのような対応をされましたか」など，第3者の客観的な行動観察情報を収集することが挙げられます。

　検査情報の例としては，感情の程度を測る質問紙検査や，生理的変化の検査データが挙げられます。また，知能検査[*15]を用いて知能や認知の偏りを把握する場合もあります。強迫症やうつ病などに対するチェックリストなども

あるので，そういったチェックリストを用いることで，問題を把握することもできます。

こういった観察情報や検査情報から，心理職が気づかなかったことだけでなく，クライエント自身も把握していないことが見つかる場合があります。裏を返せば，こういった観察情報や検査情報を用いない場合，クライエントを理解する視点が面接情報に偏ってしまいます。面接から得られる情報だけでは，クライエントの主観的な語りに理解が偏りがちで，問題を正確に理解することが困難になってしまいます。

面接情報だけでは，クライエントの一部分しか見えない

*15 知能検査／現在最も多く使われている知能検査は，ウェクスラー式知能検査と呼ばれるもので，成人用の WAIS，児童用の WISC，幼児用の WPPSI に分かれている。

このように，認知行動療法におけるアセスメントは，面接情報だけでなく，観察情報や検査情報を統合した上で行われるクライエントの理解であるという点を，まずしっかりおさえてください。

次に，具体的にどんな情報を収集すべきか，確認していきましょう。

① 刺激

まず問題を引き起こしている「刺激」についてです。これは，問題を引き起こしている"きっかけ"は何か，ということです。具体的には，前章における例であれば「会議でA部長がいるとき」が対応します。なお，このとき「常に困っています」「いつも頭を抱えています」とクライエントが言う場合は「最悪の状況はどんな時ですか」「一番ひどいときというのは，どんな場面ですか」と聞いてあげてください。最悪の状況を聞いてみることで問題場面が特定されていくことや，実は「24 時間困っているわけではない」ことにクライエントが気づくことなど，何らかの変化があるはずです。

また，現実場面でなくても，その場面を想像しただけで不安になってしまうことがあります。例えば「『会議でA部長がいること』を想像したとき」が刺激場面になっている可能性があります。みなさんも試験の前日に「試験で問題が解けなかったらどうしよう」と不安になることはありませんか？　試験当日よりも，試験前日の方が不安だったという経験をしたことがある人は，意外と多いのではないかと思います。不登校の子どもも，学校場面そのものより，学校に行くことを想像する，その想像そのものが不安を喚起する刺激

条件になっていることが多いのです。

② 反応

次に「反応」です。これは、問題を維持・促進・悪化させる要因となるもので、**感情・認知・身体・行動**が対応します。意外と見落とされがちな部分が「身体」です。特に薬物やアルコールによる生理的変化は、しっかり把握しておかなければなりません。実は問題を維持・促進・悪化させているのは、精神科から不適切に処方された薬の副作用かもしれません。うつ病だけでなく、発達障害などにも薬が出されている場合もあり、注意が必要です。

また，下記のような思考記録表[16]を用いることがあります。

刺激場面	「Ａ部長の前で契約事項の説明をする場面」を想像する。
思考	質問に答えられなかったらどうしよう。80％ 手が震えたり，頭が真っ白になったらどうしよう。90％ 私が無能で神経の細い人間と思われるだろう。95％ 私の威厳なんてものは台無しになってしまう。99％
感情（＋身体）	心配（動悸がして）50％ どうしようもない不安感（汗が出て）60％ 恐怖（気持ちが高ぶって）80％ 絶望感（呼吸が速くなる）95％
行動	発表の準備ができなくなる。 キャンセルの理由を探す。

　ただし，思考や感情を％で表現するような数量化は，クライエントに用紙を渡して「次までにやってきてください」程度の指示で簡単にできるものではありません。心理職側の適切な説明と，クライエントの理解・練習が必要です。その前提には，クライエントが自身の問題に向き合おうとする積極性が必要ですし，そのさらに前提となるものは，心理職による「正確な共感」です。

③ 結果

　次に「結果」です。主に以下の側面に注目して情報収集します。

・生活への影響はどうか。

・重要な他者（友人・家族・同僚など）の反応はどうか。

・クライエント自身が問題にどのような対処をしているか。その結果，どのようなことが起こっているか。

　注目は，クライエント自身の対処方法についてです。問題が起きた時，ク

---

[16] 思考記録表の補足
思考…問題場面で，頭にどんな考えが浮かんだか。％は，その考えをどの程度確信していたかを0％〜100％で記入を求めたもの。
感情（＋身体）…どのような感情を感じたか。％は，どのくらい強い感情だったかを0％〜100％で記入を求めたもの。なお，不安な時に手が震えるといったように感情は身体反応として表われることが多いので，身体と感情は合わせて記載されることがある。
行動…問題場面でどのように行動したか。

ライエントはどのように対処しているのでしょうか。

例えば「会議で字がかけない」問題に対して、その問題から逃れるために「会議に行かない」という行動が選択される場合があります。しかし、会議に行かないから、いつまでも字は書けないままですし、会議を欠席するわけですから、周囲の注目や非難も集めてしまいます。結果、ますます問題は大きくなり、深刻化していきます（**負の強化**[*17]）。

このように、クライエント自身の「常識的な」対処方法が、かえって問題を維持・悪化させてしまうことがあるのです。先ほど触れたように、不適切な薬物やアルコールによる対処ももちろん、問題が維持され、悪化してしまう原因となるでしょう。

認知行動療法では、クライエント自身の対処の仕方が問題の悪循環を引き起こしているのであれば、その対処の仕方も介入の対象とします。この点は、精神分析学やカウンセリングモデルとは大きく異なる点[*18]です。

さて、刺激・反応・結果のそれぞれについて、アセスメントの視点を紹介

[*17] **負の強化**／ある行動によって不快な刺激から逃れられる場合、その行動が強化され、正規頻度が上昇すること。オペラント条件づけ理論における用語の1つ。

[*18] **介入の対象**／精神分析学では主に無意識の解釈に焦点を当て、現実場面に注目することは少ない。カウンセリングモデルは「非指示的療法」とも呼ばれており、現実の問題対処に直接介入することはない。

第 1 部　公認心理師のための認知行動療法の学び方

してきました。そして，アセスメントによって刺激・反応・結果の情報が集まったら，いよいよまとめに入ります。集めた情報を整理・再構成することで，問題を成り立たせている悪循環に関する仮説であるケース・フォーミュレーションを形成し，クライエントに提示するのです。そこで，次の章では認知行動療法の核ともいえるケース・フォーミュレーションについて紹介したいと思います。

第5章 まとめ

●情報収集の方法は，面接情報による主観的な報告だけでなく，観察情報や検査情報なども用い，多元的に収集する。

●刺激・反応・結果の枠組みに基づき，それぞれの情報を収集していく。

●反応は「感情・認知・身体・行動」に注目する。結果は，周囲の反応だけでなく，クライエント自身の問題対処法にも注目する。

第6章

ケース・フォーミュレーション

　前章まで，刺激―反応―結果についてアセスメントを行い，クライエント
の情報を収集することをお伝えしてきました。しかし，クライエントの情報
を収集しただけでは，それらの要素は断片的で，クライエントの問題がどの
ように成り立っているか，全体像を把握することができません。そこで，収
集した断片的な情報を整理し，再構成することで，**ケース・フォーミュレー
ション**を形成します。本章はこのケース・フォーミュレーションについてお
伝えします。

ケース・フォーミュレーションとは

■定義：問題がどのように発現し，維持されているかを説明
する仮説

- 問題を把握し，問題の成り立ちを認識するための装置
- 病気の診断ではなく，問題についての「臨床的理解」を作成するもの。
- しかも，それは既存の理論や障害分類をあてはめるのではなく，ア
　セスメントによって得られた情報によって，問題の成り立ちと，そ
　れに基づく介入の作業仮説を生成することを目的としている。

　ケース・フォーミュレーションとは，「問題がどのように発現し，維持され
ているかを説明する仮説」のことです。例えば，アセスメントによって，以
下のような情報を収集したとします。

刺激		A部長のいる会議で，会議の資料を見る。
反応	感情	極度の不安や緊張
	認知	「資料は完全だろうか」「サインができなかったらどうしよう」「叱責されたらどうしよう」
	身体	動悸や震え
	行動	手が震えてサインができなくなる。
結果		周囲からの心配や注目が集まる。自己注目が高まる。自分はダメな人間なんだという考えが生じる。

　この情報をもとに形成されたケース・フォーミュレーションが下図になります。

ケース・フォーミュレーション

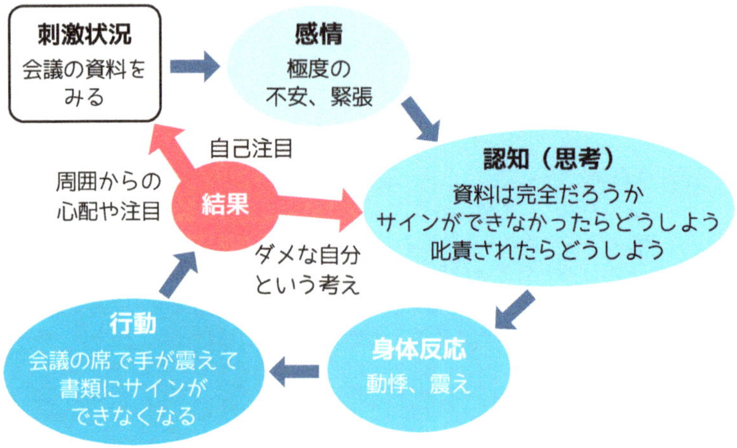

　ケース・フォーミュレーションの理解にあたり，重要な点を2点挙げます。

① 図式化すること（外在化）

　ケース・フォーミュレーションを形成する目的は，ただ心理職が情報を整理して再構成するだけではありません。「問題がどのように形成・維持されてい

るか」をわかりやすく図式化してクライエントに提示し，問題状況をクライエントと共有することも，大切な目的の1つです。そして，ケース・フォーミュレーションをクライエントと共に眺めながら，問題解決の方向性を一緒に考えていきます（協働関係）。心理職だけが整理された情報をもっているようでは，一緒に考えることなどできません。同じものを見て，同じ目標をもつからこそ，共に歩んでいくことができるのです。

　第3章で，認知行動療法はクライエントと並んで眺める関係を創るのであり，そのために問題を外在化する必要があることを述べています。ケース・フォーミュレーションの形成は，まさに問題を外在化する過程なのです。

② 病気を診断するものではない

　ケース・フォーミュレーションは，いわゆる精神医学的診断[*19]ではありません。精神医学的診断では，患者の症状からどの病名が当てはまるかを判断し，診断された病名に応じた対応を行います。例えば「うつ病」と診断された人は，みな同じ症状をもっていると考えられるため，患者固有の状況や問題には目が向けられないことがあります。

　しかし，同じ「うつ病」でも，早く改善する人と，問題が悪化する人がいるのはなぜでしょうか。認知行動療法では，個人個人の悪循環の在り方が違うからだと考えます。既存の理論や障害分類を当てはめるだけでは，個々に

[*19] **精神医学的診断**／アメリカ精神医学会の発表するDSMや，世界保健機関（WHO）によるICDなどが，精神医学的診断のマニュアルとして知られている。例えばDSMでは，該当する症状をチェックし，既定の個数を満たせば診断名がつけられる。

異なる固有の状況や問題が把握できないのです[20]。

　つまり，アセスメントで得られた情報に基づき，個々に異なる問題の成り立ちを考えていくのが，ケース・フォーミュレーションです。よって，先ほどの例でも，同様に「手が震えてサインができない」という問題を抱えていた人が他にいたとしても，別の人物であれば状況が異なるため，異なるケース・フォーミュレーションが形成されることでしょう。

精神医学的診断
「うつ病」

みんな共通の，一定の症状

ケース・フォーミュレーション
「うつ病」

個々に問題の状況や成り立ちは異なる

　さて，アセスメントを基にケース・フォーミュレーションを形成したら，次のステップに進みます。以下に，ケース・フォーミュレーションを軸とした，認知行動療法の介入の基本手続きを示します。

認知行動療法の介入の基本手続き

- ■**協働関係**　クライエントとの間に協働関係を形成し，維持する
  ↓
- ■**心理教育**　**ケース・フォーミュレーション**を活用して問題を理解するようにクライエントの心理教育をする。
  ↓
- ■**課題（宿題）**　クライエントが日常場面で行う宿題を出すことで，認知を変え，行動を変え，悪循環を変えるのを援助する。

---

[20] 疾病性と事例性／障害分類に基づき問題を理解することを「疾病性による理解」，個々に異なる問題状況を理解することを「事例性による理解」と呼ぶ。精神医学は主に疾病性を重視し，臨床心理学は主に事例性を重視するが，どちらの観点も必要である。

まず形成されたケース・フォーミュレーションを提示して，**クライエントの意見**を聞きます。「私は，このように問題を理解しましたが，いかがでしょうか？」といった具合です。

ここで大切なことは，問題を一番知っているのはクライエントであるということです。心理職が最初に形成したケース・フォーミュレーションは，クライエントの現実と合致していない可能性は十分にあります。よって「問題を一番知っているのはクライエントである」という意識のもと，心理職の形成したケース・フォーミュレーションを押しつけるのではなく，協働関係に基づき意見交換をしながら，より適切なケース・フォーミュレーションを作っていくことが大切なのです。それにより，クライエントは自分自身の問題を適切に理解していくことが可能となります（**心理教育**）。

次に**課題（ホームワーク）**を出します。ケース・フォーミュレーションによって明らかになった問題を基に，どこから介入するか，どのように介入するかを，クライエントと共に決めていきます。そして，クライエントが日常場面で行う課題を出すことで，認知を変え，行動を変え，悪循環を変えることを援助します。これが認知行動療法の基本的なスタイルです（介入については，第8・9章で詳細を述べます）。

これらのケース・フォーミュレーションを通じたクライエントとの関わりの中で，心理職が意識すべきことが**パートナーシップ**と**リーダーシップ**です。

第1部　公認心理師のための認知行動療法の学び方

パートナーシップとリーダーシップ

■ CBT は，問題を回避せずに目の前の現実の問題に直面し，問題解決に取り組むことを目指す。心理職は，その厳しい作業に取り組むパートナーとなるために，問題を正確に理解し，クライエントに共感し，共に問題に直面していくための信頼関係を形成する。

■ CBT において心理職は，アセスメントデータに基づいてケース・フォーミュレーションを形成し，クライエントに心理教育をして，問題に取り組む動機づけを高めるリーダーシップが必要となる。

⇔カウンセリングでは，あくまでも来談者が中心で，カウンセラーはそれを援助する立場という援助関係が前提となっている。

⇔力動的心理療法では，分析（解釈）する者と分析（解釈）される者という治療関係が前提となっている。

　認知行動療法では，クライエントの日常生活の中で起きている問題を回避せず，クライエント自身が現実に直面し，問題解決に取り組むことを目指します。心理職はその厳しい作業に取り組むクライエントのパートナーとなるために，問題を正確に理解した上でクライエントに共感し，共に問題に立ち向かうための協働関係をつくる必要があります。これがパートナーシップです。

　また，心理職はリーダーシップも必要です。クライエントの多くは，さまざまな理由で問題を回避することを学んでしまっているので，その問題に直面することは，容易ではありません。カウンセリングモデルのように「まず安心してもらおう」「クライエントにやる気になるまで待とう」と，クライエントの変化を待っているうちは，いつまでもクライエントが問題に直面しようとしない可能性があります。そこで心理職は，リーダーシップが求められます。アセスメントによって集めた情報に基づいてケース・フォーミュレーションを形成し，それをクライエントに伝え，クライエント自身に正しく問題を認識してもらうことで，認知行動療法への動機づけを高めるのです。

　このようなリーダーシップに基づく心理職の働きかけにより，「確かにこの

42

問題は，どうにかしなければならないな」とクライエントが納得してはじめて，問題に取り組む動機づけは高まるのです。

第6章
まとめ

● ケース・フォーミュレーションとは，「問題がどのように発現し，維持されているかを説明する仮説」のこと。
● ケース・フォーミュレーションによって問題の成り立ちをクライエントに説明することで，クライエントとの協働関係が生まれ，クライエントが問題に直面していく動機づけが高まる。
● ケース・フォーミュレーションを用いたクライエントとの関わりは，パートナーシップとリーダーシップの両方が必要。

第 7 章

認知行動療法は，
過去を無視する？

「認知行動療法は，過去を無視する」といわれることがあります。確かに認知行動療法では，ケース・フォーミュレーションによって「現在の問題（悪循環）」を理解し，その改善を目指すわけですが，果たして過去のことはまったく考えていないのでしょうか。

「現在の問題」は，突然降ってわいたように起きたわけではありません。認知行動療法では，現在に至るまでの生育過程における不適切な学習が，現在の悪循環の形成に関わっているとみなします。「認知行動療法は過去を無視する」という誤解を受けることも多いのですが，事実はその逆で，むしろ過去を重視しているのです。

では「過去が現在を創る」ということについて，もう少し詳しく確認していきましょう。

CBTの学習の原理：過去が現在を創る

1. 各人は，それぞれ問題の**素因**をもっている。
2. 素因に対して，生育過程で**不適切な対処行動**を学習した。
3. 学習は，**環境との相互作用**のなかで進行する。
4. 環境との相互作用は，**刺激－反応－結果の図式**で起こる。
5. 不適切な対処行動が止まずに発展したのは，それを**維持・悪化させる悪循環**ができてしまっているからである。
6. 悪循環を止めて，適切な**代替行動の再学習**を目標とする。

第7章 ◆ 認知行動療法は，過去を無視する？

　それぞれの人は，それぞれの問題の原因となる素因をもっています。例えば知的能力が高い人は，その知的能力によって有能な働きをすることができる一方で，周囲から期待されやすくなります。このように「知的能力が高い」という一見問題にならなさそうなことも問題の素因となります。よって，問題の素因をまったくもっていない人などいません。

　ここで重要となるのが，その素因に対して，生育過程でどのような対処行動を学習したかです。例えば，「知的能力が高く，周囲から期待される」という素因への対処行動として「全部の期待に応えようとする」人，「無理な期待はきちんと断る」人…など，さまざまな対処行動が考えられます。同じ素因をもっていたとしても，どのような対処行動を学習したかによって，今後が異なることが予想できるのではないでしょうか。

　もう少し具体的に述べると，「期待される」ことに対して「全部の期待に応えようとする」人は，「過剰な期待をされる」ことにつながり，ますます期待されるようになります。これがくり返されると，他者の期待を背負い込みすぎる形となり，疲労や混乱へとつながっていきます。それに対して，「無理な期待はきちんと断る」といった対処行動を学習することができれば，「過剰な期待を受ける」ことにはならず，他者の期待を背負い込みすぎることもないでしょう。「全部の期待に応えようとする」という対処行動を取る人でも「無理な期待はきちんと断る」という対処行動に修正するなど，周囲のサポートなどによりうまく対処行動を修正できればよいのですが，修正できない場合は，不適切な対処行動を維持・悪化させる悪循環ができてしまいます。

　問題に対して介入するということは，問題を発生させている悪循環を止めて，適切な代替行動の再学習を行うということです。その時に，「現在の問題」だけに注目するのではなく，現在の問題が，その人の生育史の中でどのように作られてきたのか，過去の学習経験が現在の問題にどのように影響してきたのかといった「問題の形成」にも注目しなければ，悪循環を止めることはおろか，適切な代替行動が何かを考えることもできないでしょう。「現在の問題」の理解をミクロ[21]な視点とするならば，過去から現在に至る「問題の全体」を理解するマクロ[22]な視点も求められるのです。

---

*21 ミクロ／非常に小さいこと。微小。

45

第1部　公認心理師のための認知行動療法の学び方

> ## 現在から過去へ（問題維持から問題の成り立ちへ）
>
> ■現在の問題行動を維持する悪循環（ミクロ）
> - 刺激⇒反応⇒結果
>
> ■問題の全体：素因→発生要因→発展要因（マクロ）
> - 素因：遺伝，体質（＊発達障害），家族関係（＊虐待），世代間伝達
> - 発生要因：失敗，病気，勉学のつまづき，いじめ…
> - 発展要因：周囲の無理解，不適切な介入（専門家によるものを含む）
>
> アセスメントは個別問題行動（ミクロ）から問題の全体（マクロ）へ

　では，マクロな視点で問題を理解するとは，どのようなことをするのでしょうか。具体的には以下のような点について尋ねていきます。

> ## マクロなケース・フォーミュレーション1
>
> 問題が発生し，維持されている事態を幅広く捉える
> ■素因：問題を生じやすくしていた要因は何か。
> 　　　　問題が起きた背景としてどのようなことがあるか。
> 　　　　例：遺伝，体質，育児環境，家族関係，経済状態…
> ■始まり：その問題は，いつ始まったのか。
> ■発生要因：問題が起きた直接的原因は何か。
> 　　　　　　問題が発生する契機となった出来事は何か。
> ■過程：問題が始まってから，その問題はどのように発展したか。
> ■発展要因：何がその問題を維持しているのか。

*22 **マクロ**／非常に大きいこと。巨大。

① **問題の素因**　　　：遺伝，体質（発達障害の有無），家族関係（虐待の有無），世代間伝達など，各人が物心ついた時には背負わされている問題の背景要因。

② **問題の発生要因**：何らかの失敗，病気，勉学のつまずき，いじめなど，問題が発生するきっかけとなった，各人のライフイベント。

③ **問題の発展要因**：不適切な対処行動，周囲の不理解，専門家による不適切な介入など，問題の維持や悪化に関わる，各人の行動や環境。

　他にも下記のように，相談歴，来談経緯，これまでの問題対処，問題対処に活用できる人や組織，問題の変化に関する目標，介入に対する要望なども尋ねていきます。

マクロなケース・フォーミュレーション 2

■**相談歴**：これまで，誰に相談したか。どのような治療期間や相談機関を利用したか。その結果はどうだったか。

■**来談経緯**：なぜ，今回相談することになったのか。

■**資源**：これまで，その問題にどのように対処してきたのか。問題に対処するのに活用できる人や組織は何か。

■**目標**：その問題をどのように変化させることを目標とするか。
（具体的で測定可能な表現で示す）

■**介入に対する要望**：介入に期待すること。

　具体的な例を，本文中で登場した「会議で手が震えてサインが書けない男性」について挙げてみましょう。

① **素因**
・父親が厳しく，失敗を許さない家庭環境だった。
・もともと神経質であった。

・小学校の時には，授業で指名されて注目を浴びると，いつも緊張して赤面していた。

② 発生要因
・問題は2年前，現場担当から事務室の係長になったときから。
・会議で，部下の作成した書類をそのまま提出して，A部長から叱咤を受けたことがきっかけであった。

③ 発展過程・発展要因
・自分の作成した書類でも不安になるようになった。
・会議を想像しただけで気持ち悪くなる。常に予期不安を感じる。
・会社を休みがちになる。
・未だに父親は家族の中心で，A部長は，父親の友人であった。

　現在の悪循環だけ注目していたミクロな視点と比較して「なぜ現在の悪循環が生まれたのか？」が見えてきませんか？　マクロな視点により，現在の悪循環を深く理解することにつながったことでしょう。
　このようなマクロな視点が求められるのは，時間軸だけではありません。以下のような「生物―心理―社会モデル」と呼ばれるものがあります。

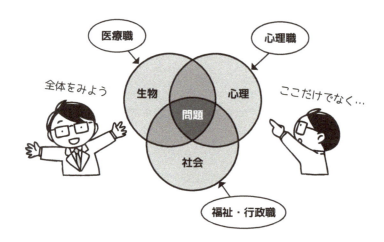

これは，生物学的視点と心理学的視点と社会学的視点の3つの視点から，問題を総合的に，多角的に捉えることを目指すモデルのことです。例えば「うつ病」は，生物学的視点では，脳内のセロトニンと呼ばれる神経伝達物質の分泌異常が指摘されています。心理学的視点では極端に否定的な認知や思考の歪みが指摘されています。社会学的視点では，職場のストレスや対人関係，一旦うつ病になった後の社会復帰の困難さなどが挙げられます。このように，3つの視点から捉えることで，よりバランスよく特定の視点に偏ることなくクライエントを理解することができます。つい，心理職は意識や感情といった心理面のみに注目しやすいですが，生物学的視点・社会学的視点を組み入れることで，クライエントのより正確な理解が可能となるのです。

CBT は，生物・社会要因に開かれている

- ■ CBT では，問題の成り立ちを素因⇒発生要因⇒発展要因のプロセスで形成されるとする。
- ■素因として生物的要因，発生や発展要因として社会的要因を組み込んで問題の成り立ちを理解する。
- ■結果を総合することで，生物─心理─社会モデルによる問題理解となる。
- ■生物─心理─社会モデルが問題理解の前提となるので，医療職（←生物），社会福祉職や行政職（←社会）との多職種協働のチーム・アプローチに開かれている。
  ⇔カウンセリングや心理力動的療法では，内的な心理モデルが前提となっているため，他職種との協働が難しい。

生物─心理─社会モデルに基づく活動を行うことは，他の専門職との連携を促進することにもつながります。具体的には医療職は生物学的視点から，心理職は心理学的視点から，社会福祉職や行政職は社会学的視点から，それぞれクライエントを支援しています。これら他の専門職と連携することで，より効果的なクライエントの支援が可能となるわけです。もし心理職が心理

第1部　公認心理師のための認知行動療法の学び方

学的視点に偏り，他職種との連携が失われてしまうと，他職種から「あの人は面接室の中で何をやっているのだろう」「無意識の説明をされても，実際の行動とどう関係しているかわからない」と言われてしまいます。

　以上のように，ミクロなケース・フォーミュレーションに偏ると「現在しか注目していない」「心理面しか注目していない」ということになってしまいます。現在の問題だけでなく，現在を知るために過去を理解する。心理面だけでなく，生物面や社会面を理解に組み入れる。このようなマクロな視点も含めてケース・フォーミュレーションを形成することで，クライエントのより正確な理解が促進されることでしょう。

第7章 まとめ

●認知行動療法では，現在の問題の成り立ちを理解するための，マクロな視点として過去を重視する。

●認知行動療法では，生物―心理―社会モデルに注目し，心理面だけでなく，生物面や社会面を理解に組み入れる。

50

第 8 章

現実に介入する

　本章からは，「問題への介入」について考えたいと思います。そしてまず，認知行動療法における介入の特徴を学ぶにあたり，「問題を理解する」時のように，他の介入技法と比較したいと思います。他の介入技法と認知行動療法は，どのような点で異なるのでしょうか。

① 精神分析学（力動的心理療法）の場合

　精神分析の古典的な方法ではクライエントは，寝椅子に横になり，頭に浮かんだ思考をすべて言葉にすることが求められる（自由連想法）。この状態で放たれるクライエントの言葉には，クライエントの無意識における欲望や過去の心的外傷体験が反映されていると考えられている。そこで，セラピストはクライエントの言葉を分析し，無意識の欲望や過去の心的外傷体験を探り，意識化していく。無意識の欲望や過去の心的外傷体験を意識化することで，クライエントの自我によるコントロールが可能な状態を目指す。

　　→無意識の意識化という，内的な世界に注目した介入。

　　→観察できない無意識の欲望や過去の体験を探るのは容易ではなく，時間がかかることが多い。場合によっては「3 年も 5 年も分析し続けている」ということが，現実に起こっている。

② カウンセリングモデルの場合

　カウンセラーは，共感的理解・無条件の肯定的関心・自己一致という 3 つの態度[23]をもってクライエントと接する。クライエントは，3 つの態度を備

---

[23] **3 つの態度**／「共感的理解」…カウンセラーは，あたかもクライエントの立場になったかのように，クライエントの視線で感情や問題を理解しようとすること。
「無条件の肯定的関心」…カウンセラーは，クライエントの言葉を選ぶことなく，偏ることなく関心を寄せ，受容すること。
「自己一致」…カウンセラー自身が自分を飾ることなく，あるがままの自分の姿でクライエントと接すること。

えたカウンセラーとの関係性の中で，自分の思考や感情を嘘偽りなく表現することが可能となり，クライエントが本来もっている自己実現傾向が発揮されていく。カウンセラーは直接クライエントに指示することはなく，あくまでクライエント自身の自ら成長する力を引き出すことを目指す（非指示的態度）。

　→クライエントの自己実現という，内的な世界に注目した介入。
　→非指示的態度であるが故に，クライエントが直面している具体的な問題
　　に対し，現実的な介入方針をとらないことが多い。

　このように，日本で主流となっている精神分析（力動的心理療法）やカウンセリングモデルは，無意識や自己実現といった「他者から観察困難な内的世界に注目している」とまとめることができます。

「問題に介入する」とは？

①精神分析学
自由連想法・夢分析などによる無意識の意識化
3年くらい分析することもあります
えっ!?

②カウンセリングモデル
クライエント自身がもつ自己実現傾向を発揮させる
……（非指示的）
具体的に何したらいいんだろう…？

③認知行動療法
？
どんな介入をするんだろう？

認知行動療法では，無意識や自己実現といった「他者から観察困難な内的世界」には注目せず，他者からも観察可能な「現実の問題」の介入に焦点を当てます。

現実の問題にスモールステップで介入する

- ■「現在の問題」と「問題の形成」を分けて捉え，あくまでも観察できる「現在の問題」への介入に焦点を当てる。
- ■具体的な問題を少しでも変化させることが，自己効力感，そして自信につながるとみなし，スモールステップの変化を重視する。
    - ⇔カウンセリングモデルは，クライエントの「今，ここで」の主観的世界を大切にするので，現実の具体的な問題にスモールステップで対処するといった現実的な介入方針をとらない傾向がある。
    - ⇔心理力動的療法では，内的な世界において過去が投影されている現在の問題を過去に遡っての回復を目指すために，時間がかかり，終わりのない分析となりがちである。現実の具体的な問題の解決とは異なるところに介入目標が置かれがちである。

認知行動療法の介入とは，現実に起きている刺激―反応―結果の悪循環から抜け出すために，問題が起きている環境を変えることに加えて，環境からのストレス刺激に対する自分の反応の特徴に気づき，考えや行いを少しずつ変えていくこと（スモールステップ[24]）で，問題を解決する方法です。

以下にいくつか具体的な例を挙げます。

① 状況に介入する

状況（環境）を変えることで，そもそも「刺激」が起こらない状況を作り出します。刺激が起こらなければ，反応も結果もないわけですから，刺激のコントロールはとても重要になります。

---

[24] スモールステップ／一度に達成することが困難な目標に対し，目標を細分化すること。細かい達成を積み重ねることで，目標の達成を目指す。

第 1 部　公認心理師のための認知行動療法の学び方

問題が起きている状況に介入する

■CBT は，悪循環が起きている生活状況そのものに介入する。

■面接場面は，生活状況への介入に向けてクライエントと作戦会議をするためにある。実際の問題解決は，生活場面で宿題（課題）を実行することを通して進む。

■生活状況への介入では，家族療法やコミュニティ心理学の技法と組み合わせた介入も実施する。

■CBT は，介入プロセス自体が構造化されているために，この枠組みに従っている限り，介入場面は面接室内に限定されない。

⇔力動的心理療法やカウンセリングでは，心的世界を扱うために面接内容を現実から区別する治療構造が重視される。そのため，心理職の現実場面への介入は，アクティングアウトとみなされることがある。

そこでクライエントとの面接において，生活状況を変化させるための「作戦会議」を行います。刺激—反応—結果の悪循環から抜け出すために，どのように生活環境を変える必要があるかクライエントと話し合うのです。その作戦会議で決定した内容について，現実の生活場面で課題（ホームワーク）という形で実行することで，実際の問題解決が進行していきます。

よって，問題に介入する場面は，面接室のみに限定されることはありません*25。面接室内で作戦会議をして終わりではなく，そこで決めた内容を現実場面で実行することではじめて問題解決が進行するわけですから，現実場面に介入することはまったく不自然なことではないのです。例えば子どもの問題に対して，一緒に学校に行ったり，先生と話し合ったり，授業を観察したりすることは，珍しいことではありません。

---

*25 現実場面での接触／精神分析学やカウンセリングモデルでは，面接室外でのクライエントとの接触は，クライエントとの適切な関係性を崩す「アクティングアウト」として望ましくない行動とされる。

54

第8章 現実に介入する

面接室外での接触は望ましくないとされる

面接室外でも介入は行われる点で異なる

② 反応に介入する

　反応は大きく分けて感情・認知・身体・行動の4つがありました。そのそれぞれに、効果的な介入技法があります。代表的な技法を以下に挙げます（それぞれの技法の詳細は、Columnで紹介します）。

> # 認知行動療法の基本技法
>
> 1) **感情**を中心に介入（**⇒曝露反応妨害法**⇒各技法）
>   恐怖と不安と回避行動の変容→不安障害の E/RP など
> 2) **行動**を中心に介入（**⇒応用行動分析**⇒各技法）
>   随伴性介入による習慣変容→統合失調症や発達障害の SST
>   など
> 3) **認知**を中心に介入（**⇒認知療法**⇒各技法）
>   認知の概念化と認知変容→多様な障害への適用／心理教育
> 4) **身体**を中心に介入（**⇒マインドフルネス**⇒各技法）
>   考え込みと体験回避の態度変容→現実の受容と，柔軟な
>   問題対処

　これらの介入技法を通じて，クライエントが直面している現実に対して，反応を変えることで現実社会への適応を目指すことが目的となります。とはいえ，これらの技法を用いたとしても，一気に悪循環が解消されるわけではありません。具体的な現実の問題を少しでも変化させることがクライエントの自信につながるとみなし，**スモールステップ**の変化を重視します。

　認知行動療法が，無意識の意識化や自己実現といった内的な変化を求めるのではなく，現実の問題を変化させていこうとすることがわかっていただけたでしょうか。

　ただ，現実の問題を変化させることは容易なことではありません。クライエントにとっても，そして心理職にとっても**「勇気」**がいることなのです。

第8章 ◆ 現実に介入する

> # 介入には勇気が必要
>
> ■現在の問題に介入するために，現実に直面し，問題解決のために認知や行動を変えることが課題となる。
> ■心理職には，優しさだけでなく，クライエントと共に現実に向かっていく勇気が必要となる。
> ■心理職は，クライエントの動機づけを高め，介入方針に基づいて行動実験をするようにもっていく心理教育の技能が必要となる。
> ⇔カウンセリングでは，クライエントに安心をもたらすことを重視するあまり，クライエントの現実回避を強化することがある。
> ⇔力動的心理療法では，クライエントの内省を重視するあまり，クライエントの現実回避を強化することがある。

　クライエントが現実の問題に直面することに勇気がいることはもちろん，心理職の側も，介入が適切かどうか，不適切な介入によって問題が悪化することはないか，という不安があって当然です。

　ところが，カウンセリングモデルにおいては，クライエントの安心感をもたらすことを重視するあまり，クライエントの現実回避を強化してしまうことがあります。また，クライエントの「不安です」という言葉に対して，カウンセラーは「不安ですね。不安なときは，こちらに来てお話してくださいね」と答えることが基本ですから，クライエントだけでなく，カウンセラーも現実を直視していない可能性があります。

　精神分析学も同様で，無意識の洞察を重視するあまり，クライエントの現実回避を強化することがあります。また精神分析学においては，現在の問題が，過去の心的外傷体験と向き合えないために起こると考えられており，セラピストも現実を直視していない可能性があります。

　認知行動療法を行う心理職は，現実を直視し，問題解決のために認知や行動を変えることが課題となります。そのために心理職には，優しさだけでなく，クライエントと共に現実に向かっていく「勇気」が必要なのです。

57

それぞれに「勇気」が必要

　では，クライエントと心理職のそれぞれが，介入に対する「勇気」をもつためには何が必要なのでしょうか。その点については，次の章でお伝えしたいと思います。

> 第8章
> まとめ
>
> ●認知行動療法は，観察可能な「現実の問題」に焦点を当てる。刺激―反応―結果の悪循環の解消を目指す。
> ●認知行動療法では，問題に介入する場面は，面接室のみに限定されない。現実場面での介入も行われる。
> ●現実に直視し，問題解決のために認知や行動を変えるためには，クライエントも心理職も「勇気」が必要である。

Column

さまざまな介入技法

　ここでは，認知行動療法において，クライエントの反応を変化させるために用いられるさまざまな介入技法を紹介します。

曝露法（エクスポージャー法）

　曝露[26]法とは，クライエントに現実の不安刺激を提示し，提示により喚起される情動や回避衝動から気をそらす働きかけを極力減らすことで，不安刺激に慣れていく方法である（もちろん，クライエントの理解と合意を得た上で行われる）。

　曝露法は，さらに段階的暴露とフラッディングに分けられる。段階的曝露はまず，どのような場面でどの程度の不安を感じるのかクライエントと話し合い，不安階層表という表にまとめる。その後，不安階層表における不安の低い場面から不安刺激を提示し，時間・回数を徐々に増やしながら，不安の強い場面に移行していく。フラッディングは，不安を引き起こす最大級の刺激を1〜2時間継続して直面させる。

曝露反応妨害法

　特に強迫症に有効とされている介入技法である。

　強迫症は，**強迫観念**と**強迫行為**の2つの症状からなる病態のことである。強迫観念とは，自分自身ではそれが無意味であり，考える必要がないとわかっているものの，ある考えが反復して出現し，考えないようにと努力しても，努力すればするほど心に強く迫り，考えることを止められないことを指す（例：自分の手は非常に汚い）。強迫行為とは，強迫観念による苦痛や不安を予防したり緩和したりするために，明らかに過

---

[26] 曝露／クライエントを不安刺激に直接さらすことを指して「曝露（ばくろ）」と呼ぶ。

剰に反復的に行われる行為のことである（例：自分の手は非常に汚いから，何度も洗わないと気がすまない）。

　強迫症のクライエントは，強迫観念から逃れるために強迫行為を行うため，強迫観念が生じるごとに強迫行為を行うようになってしまい，強迫観念と強迫行為の悪循環が生まれ，日常生活が著しく阻害されてしまう（例：手が汚いと思ったら，すぐ手を洗う。手を洗っても，すぐ手が汚れてしまうと感じ，また手を洗う。その悪循環により，日常生活が困難になる）。

　暴露反応妨害法は，強迫行為を禁じることで強迫観念に慣れさせてゆく手法である。強迫観念を強迫行為で解決するうちは，悪循環から逃れられない。そこで強迫行為を禁じ，クライエントを強迫観念にさらし続ける。その中で感じる不安感をこまめにメモしながら，これまで目を背けてきた強迫観念と向きあうことで，クライエントは強迫観念が変化していくことを実感していく。

認知再構成法

　認知再構成法とは，自動思考[27]以外の考えをもつことができるように，自動思考の検討を行う方法である。クライエントは以下のような思考記録表（コラム表）の記録が求められる。この思考記録表を見ながら，心理職はクライエントと共に自動思考の妥当性を検討し，適応的な思考への修正を目指していく。

---

[27] 自動思考／クライエントが意識することなく，瞬間的に頭をよぎる認知・思考・イメージのこと。

【思考記録表の記入例】

①状況	昨日の2限目の授業で，教員から急に当てられて，立って質問に答えた。
②感情（強さ：0～100%）	不安（70%），悲しみ（30%）
③自動思考またはイメージ	「みんなが自分をバカにしている」
④根拠	答えた後，教員が「正しい答えだ」と言わなかった。こちらを見ている人が多かった。
⑤反証	「そういう考えもあるね」と教員が言っていたので，間違ったわけでもないのだろう。自分が発言したのだから，自分を見ていた人がいても不思議はない。
⑥自動思考に代わる思考	「自分に対して，何か思っている人がいたかもしれないけど，全員が自分をバカにしていたということはないだろう」
⑦結果：感情とその強さ	不安（60%），悲しみ（25%）

出典：毛利・伊吹ほか（2015）臨床心理学，有斐閣

自律訓練法

　ドイツの精神科医シュルツが催眠中の体験に基づいて体系化したセルフ・コントロールおよびストレス緩和の方法である。背景公式，第1公式～第6公式と呼ばれる自己暗示の言葉を心の中で唱えることにより，公式にあるリラックス状態を得ることができる。

【自律訓練法】

背景公式	安静感練習	気持ちがとても落ち着いている
第1公式	四肢重感練習	両腕両脚が重たい
第2公式	四肢温感練習	両腕両脚が温かい
第3公式	心臓調整練習	心臓が静かに規則正しく打っている
第4公式	呼吸調整練習	楽に呼吸をしている
第5公式	腹部温感練習	お腹が温かい
第6公式	額部涼感練習	額が心地よく涼しい

61

マインドフルネス認知療法

　マインドフルネス認知療法では，マインドフルネス瞑想により，今現在の現実をあるがままに知覚し，感情や思考に囚われないようにすることを目指す。マインドフルネス瞑想とは，原始仏教で2500年以上前から実践されていた瞑想のことで，体内や心で体験される出来事1つ1つに，価値判断や反応をせず，受け入れるような姿勢で意識を傾け，その意識を持続することを指す。マインドフルネス瞑想を続けることにより，いろいろな出来事をとらわれのない無執着の姿勢で体験できるようになっていくといわれている。瞑想というと，非科学的なニュアンスをもたれがちだが，脳神経生理学的な説明もなされており，今後の発展に注目が集まっている。

応用行動分析

　応用行動分析はオペラント条件づけ[*28]を基本理論として開発された介入技法である。具体的な技法としてはトークン・エコノミー法，シェイピング法，タイムアウト法などがある。

<トークン・エコノミー法>　オペラント条件づけを活用した初期の技法が，トークン・エコノミー法である。トークン・エコノミー法では，望ましい行動に対してトークン（代用貨幣）が与えられることによって，望ましい行動を強化する方法である。

<シェイピング法>　シェイピング法とは，獲得したい行動をスモールステップに分けて段階的に行動を変化させ，徐々に目標行動に接近させていく方法である。多くの場合は，1つの段階をクリアしたときに報酬を与える。

---

*28 オペラント条件づけ／道具的条件づけとも呼ばれる。特定の行動に対して報酬や罰を与えることによって，その行動の生起頻度を変化させること。報酬を与えられた行動は起こりやすくなり，罰を与えられた行動は起こりにくくなる。

<タイムアウト法> タイムアウト法とは，問題行動を行った際に一定時間，報酬を得られないようにすることである。例えば，男児が他児をぶってしまった場合，中途半端に男児に注目することで，注目を集めたかった男児にとって，報酬になってしまう場合がある。そこで，誰もいない部屋に一定時間一人にしておくようにする。そうすることで，他児をぶつという行動によって報酬を得られなくなる。

行動活性化

　行動活性化とは，行動の肯定的な変化に伴って，クライエントの自己評価の向上や適応的な姿勢への変化を目指す技法である。特にうつ病患者に対する効果が期待されている。うつ病に伴う活動レベルの低下が，無力感の増長や自己評価の低下を招いている側面があり，まず行動レベルでの達成が重要となるからである。

　行動活性化では，行動の記録として活動記録表を用いることがある。クライエントは何時にどのようなこと（食事，掃除，読書など）を行ったのかについて記入が求められる。その上で，個々の活動における達成感（M：mastery）と喜び・楽しさ（P：pleasure）をクライエント自身に得点化してもらう。これを1週間程度継続する。この得点を参考にしながら，活動量が全体として増加し，達成感や喜び・楽しさが高められるよう，心理職とクライエントで活動スケジュールを設定していく。

【活動記録表の記入例】

	9時〜	10時〜		17時〜	18時〜	19時〜	20時〜
5/16 （月）	起床	食事	（中略）	食事 準備	食事	新聞	入浴
	M1 P0	M0 P2		M3 P2	M0 P3	M2 P1	M1 P5

M：達成感　P：喜び・楽しさ　0〜10の段階で自己評価。
毛利・伊吹ほか（2015）臨床心理学，有斐閣を元に作成。

第 9 章

効果のある技法を用いる

　第8章では，クライエントの反応を変えるために，認知行動療法における
さまざまな介入技法を紹介しました。曝露法，暴露反応妨害法，認知再構成
法，自律訓練法，マインドフルネス認知療法，応用行動分析，行動活性化…
など，認知行動療法には多様な介入技法があります（各技法の詳細は column
および第2部と第4部を参照）。

　このように「認知行動療法」という唯一無二の介入技法があるのではなく，
認知行動療法はさまざまな介入技法の集合体であり，技術体系です。

CBT は，単なる技術体系である

■ CBT は，人間の心についての理論をもっていない。人間
　の行動をどのように変容させるのか，情報をどのように処
　理するのかに関する技術から構成されている。
■ CBT は，理論体系ではなく，多様な技術体系である。
■ 各技術は，問題行動の改善効果のエビデンスが実証される
　か否かで，その存続が決定される。
　⇔カウンセリングモデルには現象学的自己理論，心理力動心理療法モ
　　デルに心の構造論といった理論があり，その理論から人間の望まし
　　い状態が定義されている。
　⇔技法は，その理論に基づき，人間の望ましい状態を実現するための
　　手段として位置づけられている。

　では，認知行動療法におけるさまざまな介入技法は，どのような基準で選
ばれるのでしょうか。それは，問題行動の改善効果のエビデンス[29]が実証さ
れているか否かです。どれだけ著名な教授が「この技法が素晴らしい」といっ

ても，エビデンスがなければ採用されません。役に立つものは使っていきますし，役に立たないものは使っていきません。

ですから，次々に新しい介入技法が生まれていきます。例えば，**マインドフルネス認知療法**は，**第3世代**[30]と呼ばれている新しい介入技法です。こういった新しい介入技法も，エビデンスさえあれば積極的に取り入れていきます。

さて，ここで第8章の最後に戻りましょう。介入に対して，クライエントも心理職も「勇気」が必要である，と述べました。クライエントは自らの現実の問題に直面するための「勇気」が必要で，心理職の側も，介入が適切かどうか，不適切な介入によって問題が悪化することはないか，という不安を乗り越える「勇気」が必要でした。「勇気」をもつために何が必要でしょうか。その答えは，すでに本章で示されています。

勇気の源泉は，気合や根性といった精神論によるものではありません。その介入技法によって，問題行動の改善効果が認められたというエビデンスこそが，勇気の源泉です。

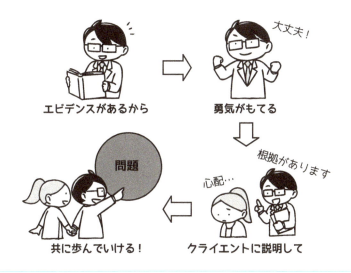

[29] **エビデンス**／第1章のエビデンスベイスド・プラクティスの部分を参照。

[30] **第3世代**／条件づけ理論に基づく行動療法系の介入技法は第1世代，認知療法など認知に注目した介入技法は第2世代と呼ばれている。マインドフルネス認知療法の詳細は column および第4部を参照。

介入に対しては，対象となる問題に対して，効果が実証的に確かめられている方法を優先的に用います。だからこそ，心理職は勇気をもってクライエントを問題に直面させるよう働きかけられますし，説明を聞いたクライエントも，勇気をもって問題に直面することができるのです。

また，エビデンスで示されている期間を経ても目的とする介入効果が見られない場合は，ケース・フォーミュレーションから見直して，介入技法の修正が必要となります。このように，エビデンスに基づく介入だからこそ，適切な修正が可能となります。

例えば，強迫症には一般的に暴露反応妨害法が役に立つといわれていますが，一定期間を経ても変化が現れない場合は，もう一度アセスメントを経てケース・フォーミュレーションを形成しなおします。すると，発達障害が素因として見つかることがあります。すると，発達障害に対しては応用行動分析の方が役立つことが多いため，介入技法を変えることになります。このように，短期間での問題の改善が目標となり，それがうまくいかない場合は介入技法を変化させていきます。

これまで紹介してきた認知行動療法の構造をまとめると，以下の図のようになります。

認知行動療法の構造

アセスメント
問題の同定と情報収集

ケース・フォーミュレーション
問題の同定と情報収集
介入への動機づけ

▼

介入

環境調整（刺激マネジメント）
・コンサルテーション
・家族療法

心理教育
・本人への心理教育
・周囲の人（親など）への心理教育

行動への介入技法
・応用行動分析
・行動活性化

感情への介入技法
・曝露反応妨害法（ERP）
・怒りのマネジメント

認知への介入技法
・認知再構成法

身体への介入技法
・呼吸法・リラクセーション
・マインドフルネス認知療法

▼

本人の**苦しみの低減**と，**現実社会への適応**を目指す

また，これまで紹介してきた認知行動療法の基本姿勢は，**協同的実証主義**という言葉に集約できます。

協同的実証主義

■介入にあたっては，対象となる問題に対して効果が実証的に確かめられている技法を優先的に用いるので，研究成果の確認が必要となる。

■一定期間を経ても目的とした介入効果（具体的な標的行動の変化）が見られない場合には，ケース・フォーミュレーションから見直して，技法の修正が必要となる。

■そのため，短期間での問題の改善が目標となる。

　⇔カウンセリングや心理力動的療法では，どのような問題に対しても基本理論モデルを適用して問題を理解し，理論に基づく技法を適用する傾向が強い。

　⇔終結目標が曖昧なため，長期間継続していることに意義を置きがちである。

「協同」とは，心理職とクライエントがお互いを尊重し，チームとして問題解決を図ることです。そのため，クライエントは受身的ではなく積極的な関わりが求められますし，心理職はクライエントの積極的な関わりを促進するような情報提供と働きかけが必要になります。「協働」と記載される場合もあります。

「実証」とは，根拠（エビデンス）に基づいて問題を解決しようとする態度のことです。エビデンスが認められた介入技法を選択し，一定期間を経ても改善されない場合は，やはりエビデンスに基づいて修正していきます。

結果として，短期間で問題の改善が可能となるだけでなく，クライエント自身が問題解決に関わることで，自分で自分の心理援助ができるようになっていくのです。

協同的実証主義

協同

チームで問題解決

実証

根拠に基づく問題解決

第9章 まとめ

- 認知行動療法は，特定の介入技法ではなく，エビデンスが認められた介入技法の集合体であり，技術体系である。
- エビデンスが，クライエントにとっても心理職にとっても問題に直面するための「勇気」となる。
- 認知行動療法の基本姿勢は，協同的実証主義という言葉に集約される。

第 10 章

ま と め

　最後に，これまで紹介してきた内容を，整理して振り返ります。
まず認知行動療法を学ぶポイントを整理します。

① 共感カウンセリングから，アセスメントに基づく正確な共感へ
・内面や感情への焦点づけから，刺激―反応―結果への全体の正確な理解へ。
・カウンセリングとアセスメントの相補的発展。
・面接情報のみでなく，自由な発想と方法で問題に関連する情報の収集。

② 問題理解を利用者に説明する専門性
・専門性を共感や分析に置くのではなく，問題を理解し，説明する技術に専
　門性を置く。
・問題の理解を利用者に説明して協働関係を構成し，問題に取り組む動機づ
　けを高める技術に専門性を置く。
・関係のあり方は，パートナーシップとリーダーシップをとる。

③ 現実的な場面で起きている問題の解決や改善を目的とする
・心の内面の問題や，問題の原因となっていると思われる過去の出来事に介
　入するのではなく，そこで実際に起きている現実的・具体的問題を扱う。
・その問題がどのように発生し発展してきて，今のようになっているのかと
　いう経緯は，現在の問題の成り立ちを知るために正確に知るようにする。

④ 問題の現実への直面と問題解決に向けての具体的行動を前提とする
・安心や洞察をもたらすことが目的ではない。
・問題が起きている現実を避けずに，そこに直面し，問題解決に向けての適
　切な行動をとることの支援が介入の目的。その点では非常に厳しいもの。
・優しくすることは大切だが，優しくすればよいのではない。優しさは信頼で

きる関係を作り，問題に直面する協働関係を創るためのもの。さらにチャレンジ精神の生成が必要。

⑤ 技法やマニュアルを問題の現実に即してカスタマイズする技術を習得する

・精神論ではなく，技術論として方法を学ぶ。
・問題が起きている悪循環を見出すためのアセスメント技法，問題の悪循環を見立て読み取っていくケース・フォーミュレーション技法，問題の成り立ちに即した介入技法の選択と適切な技法の実施。

⑥ 最新の研究成果に基づく問題理解や介入技法の選択をする意識

・専門職としての倫理意識につながる。
・問題に直面する「勇気」につながる。

次に，認知行動療法の進行を各段階に分けて整理したいと思います。

① 前考慮段階・考慮段階

まったく問題を解決しようと思わない段階（前考慮段階），問題を意識しはじめた段階（考慮段階）では，クライエントの動機づけを高めるための面接が中心となる。

② 準備段階

これから問題を解決しようとする段階（準備段階）では，形成されたケース・フォーミュレーションを元に問題の状況を適切に説明する（心理教育）。

③ 実行段階

認知行動療法に基づく介入の実施。適切な介入技法を選択し，効果が見られない場合はケース・フォーミュレーションを再形成する。

④ 維持段階

クライエントが，自身の心理援助ができる状態を目指す。心理職はリーダーシップを譲っていき，クライエント自身が自分の問題解決のリーダーになる。

⑤ 再発対処段階

問題の発現パターンを再確認し，自分の問題に対して，自分で解決できることを確認する。

以上が認知行動療法の学び方および，認知行動療法の進め方です。

＜参考文献＞
・『認知行動療法を学ぶ』下山晴彦編，金剛出版，2011
・『山上敏子の行動療法講義 with 東大・下山研究室』山上敏子，下山晴彦著，金剛出版，2010
・D. Westbrook, H. Kennerley and J. Kirk: An introduction to cognitive behaviour therapy: Skills and applications 2nd Edition. Sage Publications, 2011（邦訳『認知行動療法臨床ガイド』D・ウエストブルック，H・ケナリー，J・カーク著，下山晴彦監訳，金剛出版，2012）
・『実践家のための認知行動療法テクニックガイド』坂野雄二監修，鈴木伸一，神村栄一著，北大路書房，2005

第1部　確認問題

1 以下の（1）〜（10）の文章について，認知行動療法に関する文章ならばA，精神分析学（力動的心理療法）に関する文章ならばB，カウンセリングモデルに関する文章ならばCと答えなさい。

（1）無意識に抑圧された心的外傷体験の意識化を目的とする。

（2）環境と人間に生じる悪循環が問題を悪化させると考える。

（3）クライエントの語る言葉に共感することで，クライエントのもつ自己回復力の発現を期待する。

（4）問題の外在化を重視する。

（5）「情緒的な共感」ではなく，アセスメント情報に基づいた「正確な共感」が求められる。

（6）非指示的な立場を重要視し，クライエントが直面している現実的な問題に対して，現実的な介入方針を示すことはない。

（7）観察可能な現実の問題に着目する。

（8）自由連想法を用いてクライエントに介入する。

（9）面接室だけでなく，現実場面でも介入は行われる。

（10）唯一の介入技法があるわけではなく，さまざまな介入技法の集合体であり，技術体系である。

2 次の（1）〜（5）の文章の空欄にあてはまる用語を答えなさい。

（1）認知行動療法では，環境と人間の相互作用により生じる（　　）―（　　）―（　　）の循環に注目する。

（2）認知行動療法におけるクライエントの関係は，問題を共に「並んで眺める関係」である。このことを（　　）関係という。

（3）アセスメントによって得られた情報を整理・再構成することで構

築された，クライエントの問題に関する仮説のことを（　　）という。

(4) 心理職には，精神科医や社会福祉職と連携するために，問題を多角的・総合的に見る（　　）—（　　）—（　　）モデルが求められる。

(5) 一度に達成することが困難な目標を細分化することを（　　）という。

3 次の問いに答えなさい。

(1) 協同的実証主義とは何か，説明しなさい。

(2) 認知行動療法が受ける誤解の1つに「認知行動療法は過去を扱わない」というものがある。なぜこのような誤解を受けるのであろうか。また，それが誤解であるならば，なぜ認知行動療法でも過去を扱う必要があるのか。以上の2点について，あなたの考えを述べなさい。

第1部　確認問題／解答

1
(1) B　　(6) C
(2) A　　(7) A
(3) C　　(8) B
(4) A　　(9) A
(5) A　　(10) A

2
(1) 刺激，反応，結果
(2) 協働
(3) ケース・フォーミュレーション
(4) 生物，心理，社会
(5) スモールステップ

3
(1) （解答例）協同的実証主義とは，認知行動療法の基本姿勢である。

まず，「協同」とは，心理職とクライエントがお互いを尊重し，チームとして問題解決を図ることを指す。そのため，クライエントは受身的ではなく積極的な関わりが求められる。また心理職はクライエントの積極的な関わりを促進するような情報提供と働きかけが必要となる。

次に「実証」とは，エビデンスに基づいて問題を解決しようとする態度のことを指す。エビデンスが認められた介入技法を選択するだけでなく，一定期間を経ても改善されない場合は，やはりエビデンスに基づいて修正していく。

この協同的実証主義に基づく心理職の介入によって，クライエント自身が根拠をもって積極的に問題解決に関わることができる。そのため，認知行動療法が目指す「自分で自分の心理援助ができるようになること」へとつながっていく。

(2) （解答例）認知行動療法の介入とは，現実に起きている刺激―反応―結果の悪循環から抜け出すために，問題が起きている現在の環境を変えることに加え，環境からの刺激に対する現在の自分の反応の特徴に気づき，現在の思考や行動を変えていくことで，問題を解決することである。以上のことからわかるように，認知行動療法の介入対象となるのは「現在の問題」である。この「現在の問題」に介入することが「認知行動療法が過去を扱わない」という誤解の一因になっていると思われる。

だが，実際に認知行動療法で過去を扱わないということはない。現在の問題をより正確に把握するためにも，現在の問題が形成されるに至った過去を理解する必要がある。具体的には問題の素因や問題の発生要因，問題の発展要因などをアセスメントすることで，問題の形成過程を把握し，現在の問題のより正確な理解につなげることができる。

第2部

認知行動療法の基本技法を学ぶ

第 1 章

認知行動療法の特徴

　第2部は，認知行動療法（CBT）の基本的な考え方や主要な技法について，主に4つの観点からお伝えします。

- ① 認知行動療法の特徴
- ② 認知行動療法の基本要素
- ③ 認知行動療法の4本柱のポイント
- ④ 認知行動療法セラピストの役割

　まずは第1章で，認知行動療法の大まかな特徴についてお伝えします。次に第2章で，認知行動療法が具体的にどのような技法によって構成されているのか，認知行動療法の基本要素をお伝えします。そして第3章から第6章で，認知行動療法を構成する技法を大きく4つの柱に分けて整理しながら，具体的な進め方をお伝えします。最後に第7章で，認知行動療法のセラピストがどのような役割でクライエントと関わるのかという点についてお伝えします。

　では，さっそく本題に入りましょう。認知行動療法の特徴は，以下のように整理することができます。

認知行動療法（CBT）とはどのような心理療法か

- ■生活場面で生じている具体的な問題（気分，ふるまい，考え方）に焦点を当てる
- ■問題解決に向けた具体的戦略を立てる
- ■当面の問題に，効果的に対処できるように援助する
- ■クライエント自身のセルフコントロール向上を目標とする

第1章 ✦ 認知行動療法の特徴

> ■問題の原因や意味よりはむしろ，問題の維持に関連する悪循環に着目する
> ■新しい経験を通して，新しい行動や思考を獲得していくことが，問題の改善につながるという発想をもつ
> ■クライエントとセラピストは，問題を解決していくための共同作業者となる

では，具体的に特徴を紹介していきましょう。

① 生活場面で起きている具体的な問題に焦点を当てる

　認知行動療法の最初の特徴は，生活場面で起きている具体的な問題に焦点を当てたセラピーだということです。このことは，ごく当たり前の特徴のようですが，心理療法の中でこのような特徴をもつ療法は，どちらかといえば珍しいといえます。多くの心理療法は，人間の心の内面や葛藤などに焦点を当てるからです。

　認知行動療法でも，もちろん心の内面や葛藤も扱っていきますが，それらによって，現実の生活場面にどのような困難が生じているか，どのような苦痛が生じているのか，という具体的な問題にしっかり焦点を当てていきます。

② 問題解決に向けた，具体的戦略を立てる

　前述のように，認知行動療法では，生活場面における具体的な問題に焦点を当てます。したがって実際の面接場面では，生活場面の問題解決に向けて，具体的にどのように対処していくかを，クライエントと共に検討していきます。問題解決に向けた対処法を，セラピストと一緒にクライエントが体験的に学ぶことを通して，クライエント自身が問題を乗り越える力を付けることを目指します。

③ 当面の問題に効果的に対処できるよう，援助する

　生活場面における具体的な問題には，いろいろな問題があります。その中には，時間をかけて，ゆっくり，じっくり取り組んでいかなければならない

ような深くて大きな問題もあれば,「明日あの人と,どのように話を進めれば
いいだろう?」といった日常的で直近の問題もあることでしょう。認知行動
療法では,まず日常的で身近な問題に対処できるようになることを目指しま
す。そして,日常的な問題を1つ1つ対処できるようになることで,徐々に
長期的な自分の方向性や,長年抱えてきた悩みを解決できるようになるとい
う発想をもっています。

④ クライエント自身のセルフコントロール向上を目標とする

　認知行動療法の大事なキーワードとして,**セルフコントロール**という言葉
があります。どの心理療法でも最終的にクライエントが自分の力で問題を乗
り越えていく自律性は重要視されていますが,認知行動療法では比較的早い
段階から,クライエントが自分自身で問題を解決していけるような意識づけ
を行っていきます。

⑤ 問題の原因や意味よりはむしろ,問題の維持に関連する悪循環に
　　注目する

　認知行動療法では,生活場面の問題が起きた原因やその意味よりも,その
問題がなぜ維持されてしまうのかという悪循環に注目しています。人はだれ
しも悩んでいるときには「その原因は何だったのか」ということに意識が向
きがちです。なぜ原因を探してしまうのかというと,原因が見つかれば解決
策も見つかるという期待感があるからです。しかし心の問題というものは,
原因がわかったとしても,必ずしも「どうしたらいいか」という具体的な解
決策が見つかるわけではありません。

　そこで,問題が生じた原因よりも,むしろ問題が解決されずに長い間維持
されてしまうという悪循環に目を向けます。悪循環に目を向けることで,何
をどのように変えていけばよいのか,具体的な解決策が見つけやすくなるか
らです。

⑥ 新しい経験を通じて,新しい行動や思考を獲得していくことが,
　　問題の改善につながるという発想をもつ

　前述のように,認知行動療法では原因や意味より,現在の悪循環を解決す
ることを目指します。そのため,後ろ向きに何かを振り返るというよりは,

「これから何をしていくべきか」を大切にします。具体的な解決策を考え、実際にクライエントが新しい体験をすることを通して、クライエント自身が、今までの自分になかった新しいアイデアや、新しい生活様式を身につけていくのを目指すのです。なお、クライエント自身が体験を通じて学ぶ「体験学習」というキーワードは、以後の解説でもくり返し出てきますので、心の片隅に置きながら、この先も読み進めていただきたいと思います。

⑦ クライエントとセラピストは、問題を解決していくための協働作業者となる

　認知行動療法では、生活場面における問題にクライエント自身で対処できるようになることを目指します。そのためセラピストは、クライエントの脇でいろいろと相談に乗りながら、クライエントが自分の足で歩みを進めていくのを応援する役割を果たします。クライエントとセラピストが一緒に歩むパートナーとして協働でセラピーを進めていくことが、認知行動療法の特徴です。

　その他の認知行動療法の特徴として、「効果について、できるだけ客観的かつ誰が見てもわかりやすいように検証していく」という発想をもっていることが挙げられます。例えば風邪をひいたときに、頂いたお薬で風邪の症状がどれぐらい緩和されるかが重要になります。それと同じ発想で、認知行動療法についても、セラピストの関わりがどのような変化や改善を生み出したのかを、いろいろな臨床研究で検証しているのです。

第 2 部　認知行動療法の基本技法を学ぶ

　以下の表は，主に精神疾患や心の問題を抱えた方たちへの支援に対して認知行動療法がどの程度役に立つかを，セラピーの前後や認知行動療法を行っていない方たちとの比較を行い，その効果を数量的に示した表です。

表 2.1　認知行動療法の効果に関するメタ分析結果

疾患	比較内容	effect size[*1]
成人うつ病	待機群またはプラセボ	0.82
思春期うつ病	待機群	1.11
全般性不安障害	プラセボ	1.26
パニック障害	プラセボ	0.65
社交不安障害	待機群またはプラセボ	0.93
強迫性障害	治療前後の改善度	1.86
PTSD	待機群	1.70
統合失調症	治療前後の改善度 治療前後の改善度	1.28 0.91
怒り感情	未治療群	0.70
神経性大食症	治療前後の改善度	1.35
慢性疼痛	待機群	0.33

（Butler et al., 2006 を参考に作成）

　また，精神疾患や心の問題だけでなく，がんや心臓病など身体の病気を抱えた人に対する心のケアも，欧米をはじめ各国で支援が始まっています。日本でも，緩和ケアなどが注目されています。次の表は，身体疾患のうつ症状への認知行動療法の効果を示したものです。

*1 effect size ／介入等の有効性を示す指標として用いられる。一般に，0.2 ならば小さな効果，0.5 ならば中程度，0.8 以上ならば大きな効果と判断される。

80

第 1 章 + 認知行動療法の特徴

表 2.2　身体疾患のうつ症状への認知行動療法の効果

疾患	入院／外来	実施形態	比較内容	SMD（95％CI）[*2]
HIV	外来	グループ	TAU・OP	-0.23（-0.72 〜 0.25）
HIV	外来	個人	OP	0.18（-0.269 〜 0.66）
HIV	外来	個人	TAU	-0.72（-1.33 〜 -0.12）
がん	外来	グループ	TAU・OP	-0.18（-0.66 〜 0.30）
がん	入院	個人	WLC	-3.46（-4.02 〜 -2.91）
がん	外来	個人	WLC	-0.69（-1.36 〜 -0.01）
心疾患	入院	個人	TAU・OP	-0.01（-0.39 〜 0.38）
身体疾患	外来	個人	TAU	-2.19（-2.99 〜 -1.39）
多発性硬化症	外来	グループ	TAU・OP	-3.07（-4.49 〜 -1.65）
多発性硬化症	外来	個人	TAU	-0.57（-1.28 〜 0.14）
多発性硬化症	外来	個人	OP	-0.57（-1.21 〜 0.08）
多発性硬化症	外来	個人	OP	-0.33（-0.69 〜 0.03）
慢性閉塞性肺疾患	外来	グループ	OP	-0.03（-0.28 〜 0.23）
Total				-0.83（-1.36 〜 -0.12）

SMD: 標準化平均差，CI：信頼区間　　　（Beltman et al., 2010 を参考に作成）
TAU：通常治療，OP：他の精神療法，WLC：待機群

　このようにさまざまな領域で認知行動療法は活用されており，悩み苦しむ人たちの心のサポートに役立つという効果が示されています。
　認知行動療法の特徴について，もう一度整理しましょう。

・原因論ではなく維持論から解決を探る。

　原因探しではなく，何が悪循環になっていて，これから何をしていけばそこから抜け出せるのかという，維持の観点から個々の事例を検討する。

・状況と個人の相互作用という視点から考える。

　個人の内面へと理解を進めていくよりは，クライエントの人間関係や置

---

*2 SMD（95%CI）／介入等の有効性を示す指標として用いられる。一般に，95%CI の範囲が 0 をまたがずに，SMD の絶対値が大きいほど有意な効果であると判断される。

第 2 部　認知行動療法の基本技法を学ぶ

かれた状況の中で，どのような悪循環を形成してしまっているのかという，
状況と個人の相互作用の観点から問題を理解していく。

・**認知行動療法は，体験学習療法。**

　　認知行動療法は，新しいことを経験したり体験したりすることにより，
その人が今までもっていなかったいろいろなアイデアや対処法を身に付け
ていこうという，体験学習療法である。

・**効果検証可能なサービスの提供（科学的根拠の重視）**

　　認知行動療法の支援が，どの程度，どこに役立っているかをいろいろな
人と共有できるような，実証的な視点を大事にしていく。

・**自己成長型の発想から問題焦点型・解決焦点型の発想へ**

　　心理療法においてこれまで伝統的に，クライエントの成長を見守り，待
ち，支えていくという発想が重視されてきた。認知行動療法ではその発想
に加えて，クライエントが生活の中で困っている具体的な問題に目を向け，
具体的な問題がどれだけ改善したのかという問題解決型・解決焦点型の発
想を大事にする。

・**セラピスト・コントロールの発想からセルフ・コントロールの発想へ**

　　クライエントの問題解決をセラピストが引っ張っていくというより，ク
ライエント自身がセルフコントロールできる，つまり自分の生活場面の問
題を，自分の力で乗り越えられるような支援につなげていく。

　以上の特徴をまず理解することが，認知行動療法を理解して，適切な実践
へとつなげるための第1歩といえるでしょう。

**第1章
まとめ**

●認知行動療法では，個人の内面だけでなく，具体的な生活
場面の問題に焦点を当て，その解決に向けた具体策を考
える。

●認知行動療法では，クライエント自身が新たな体験をし，
クライエント自身で問題解決が可能となるよう援助する。

●認知行動療法は，その効果を臨床研究によって検証・共有
できるような，実証的な視点を重視する。

第 2 章

認知行動療法の基本要素

　本章では認知行動療法の基本要素についてお伝えします。

　第1章でお伝えしたような特徴に基づき，実際にクライエントに認知行動療法を提供していくにあたり，さまざまなアプローチがあります。例えばうつの方や，不安が強い方など，それぞれの問題に応じてさまざまな治療パッケージがあるのですが，実はそれらのパッケージを構成している基本的な要素は，かなりの部分で共通しています。以下に示しているものは，その共通する主要な要素です。これら，認知行動療法の構成要素についてお伝えすることで，認知行動療法の内容についてイメージを膨らませてください。

① 心理教育

　第1章でもお伝えしたように，認知行動療法では現実の生活場面における悪循環に注目します。そしてその悪循環を，心理学の知識や認知行動療法のさまざまな理論から整理します。それにより「クライエントがどのような落とし穴にはまっているのか」「どのような悪循環を形成しているのか」「悪循環を乗り越える時に，どのような工夫が役に立つのか」を考えていきます。このとき，セラピストだけがその悪循環を理解しているのではなく，クライエント自身に「なるほど，そういうことか」と理解してもらうことによって，クライエントの自律性を促していきます。このような，クライエントのセルフコントロールを促すための重要な情報提供が，心理教育です。

② セルフモニタリング

　セルフモニタリングは，自己観察という日本語に訳すことができます。私たちは自分のことを比較的わかっていると思いがちですが，少し離れた視点で冷静に自分を見つめなおしてみると「ああ，そうだったのか」「そんなふうに自分は思っていたのだな」「そんな悪循環にはまっていたのだな」と改めて発見できることがあるはずです。

そこで，少し離れた視点で冷静に自分を見つめなおすために，自分の考え方や気持ち，生活の中でのさまざまな行動様式などを記録にとって整理します。そして，今まで気づかなかった落とし穴や悪循環を自分で理解していきます。これが**セルフモニタリング**です。

また，悪循環から抜け出すためにいろいろな経験をしていく時も「その経験を通じて，新しいことにどのように気づけたのか」「自分が今までできなかったことが，どれくらいできるようになったのか」を，自分で把握できるようになることが，クライエントの自律性につながります。そのためにも，セルフモニタリングは重要になるのです。

③ 段階的目標設定と行動活性化

悩んだり苦しんだりしている人ほど，早く抜け出したい，早く苦しみから逃れたいと思い，どうしても大きな目標や難しい目標に挑戦しがちです。しかし多くの場合そういう取り組みはうまくいかず，結果として，がっかりしたり諦めてしまうことが多いようです。そこで，目標を細分化し，段階的に挑戦することで，行動を活性化させていきます。これを**スモールステップ**といいます。セラピストが上手にスモールステップを組んであげながら，クライエントが問題を乗り越えていくための行動力・活動力を身につけてもらうことを目指します。

④ スキルの獲得

問題の悪循環を乗り越えていくためには，クライエントの苦手な部分や，これまでの生活の中で上手に身につけていなかった部分を，新たにスキルとして身につけていくことが必要です。例えば，自分の気持ちをうまく他人に

第2章 ✦ 認知行動療法の基本要素

伝える方法や仕事の進め方などが挙げられます。このような，さまざまな具体的問題を解決する上で必要になるスキルは，適応スキルと呼ばれます。

　ただし，ここで少し考えてみる必要があります。「自分の気持ちを上手に伝えられない」という人は，自分の気持ちを上手に伝える適応スキルをもっていないのでしょうか。例えば，自分の気持ちを伝えるのが苦手なクライエントも，カウンセリングに来て自分のつらい気持ちをカウンセラーには話してくれることがあります。つまり，適応スキルがないわけではなく，自分の苦手な場面では適応スキルを上手に発揮できない可能性があるのです。なぜ使えないかといえば，多くの場合，不安があったり，混乱したり，緊張したりしているからです。そこで，気持ちを落ち着かせたり，緊張をときほぐすために一呼吸を置くためのスキルが必要になります。このようなスキルを情動マネジメントスキルといいます。適応スキルのような具体的問題解決のスキルだけでなく，情動マネジメントスキルのような普段通りの自分で過ごせるためのスキルも，クライエントが獲得を目指すスキルとなります。

⑤ エクスポージャー法

　クライエントの悩みや苦しみには，不安や恐れといった問題が常につきまといます。例えば世間的にうつが注目されていますが，いきなりうつ状態になることはほとんどなく，多くの場合は不安や緊張が積もりに積もって，やがてうつへと発展していきます。そのため，うつの予防という観点からも，クライエントの支援の中核として，不安や恐れをどのようにマネジメントしていけるかが重要となります。

　エクスポージャー法は，クライエントの不安や恐れを改善していく認知行動療法の重要な技法です。より詳しい内容は，第4章で説明します。

⑥ 認知再構成法

　私たちが悩んでいる時には「ああなったらどうしよう」「こうなったらどうしよう」といろいろ考え込んでしまいます。それは，考えれば考えるほど自分の行動範囲を狭めてしまいますし，自分のよい部分が出にくくなってしまいます。そのため，ものの見方，考え方を，違う視点から，柔軟に，多様に考えられるようになるよう支援することが必要になります。代表的な支援方法として認知再構成法が挙げられます。より詳しい内容は，第6章で説明します。

85

⑦ 現実場面での練習

　第1章で，認知行動療法は体験学習療法であることを強調しました。やはり面接場面で話をして考えてもらうだけではなく，クライエントの現実場面の中で，クライエント自身がいろいろなことに挑戦しながら，さまざまなことに気づいてもらい「ああ，こうすればいいのか」と実感をもって乗り越えていくことが大切です。

⑧ ホームワークの活用

　認知行動療法においては面接も大切ですが，面接と次の面接の間のクライエントの生活場面で，どのように過ごしてもらうのかということを，毎回具体的に考えます。それが**ホームワーク**です。ホームワークがどうであったかということを，また次の面接で振り返り，そしてまた次の面接に向けてホームワークを考えます。このくり返しが，とても大切です。

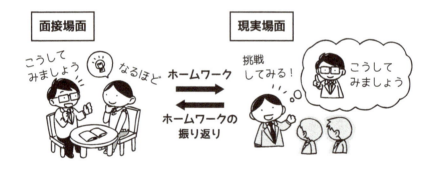

⑨ 積極的賞賛とポジティブ・フィードバック

　積極的賞賛とは積極的に褒めること，**ポジティブ・フィードバック**とはクライエントに対する前向きな返答を表します。

　積極的に褒めることは，ごく当たり前のことのように思ってしまいがちですが，実はとても難しいことです。なぜならば，誰しも悩んでいる時は，自分ができなかったこと，自分のよくないこと，苦手なことを数多く話すので，なかなか褒めるチャンスがないためです。しかし，人間が元気になるときにはやはり「よかった」「うれしかった」「できた」という感覚が絶対に必要なわけです。そこでセラピストは，クライエントにポジティブな体験をしてもら

うための段取りを整えたり，方向を定めたり，できている所に常に目を向けながら，褒める部分を拾い上げ，フィードバックしていくことが大事なのです。この積極的賞賛とポジティブ・フィードバックは，認知行動療法を構成している非常に大事な，コアな部分と考えてください。

　これらが認知行動療法を構成する基本要素です。とはいえ，これから認知行動療法を学ぶ方にとっては，こんなに多くのことができるようにならないといけないのか，と少し抵抗を感じられた方もいるかもしれません。そこで，これらの基本要素を，もう少し集約してみたいと思います。
　これまで述べてきた基本要素は，以下の4本柱に集約することができます。

認知行動療法の4本柱
その1：症状の形成と維持のメカニズムへの自己理解を深める
　クライエント自身に「自分には，そんな悪循環があったのか」という自己理解を深めてもらうための支援が，1つ目の柱です。
　なぜクライエントの自己理解を深めることが必要なのか，もう一度確認しましょう。悩んでいる時や苦しんでいる時は，自分の悩みや苦しみが，どこからともなく湧き出てくるような「得体のしれないようなもの」という感覚に陥っています。そこで，今のクライエントの状況について，心理学や認知行動療法のさまざまな理論を活用することによって，クライエントの悩みや苦しみを整理します。すると「なるほど，そういうことだったのか」と，クライエントが少し外側から冷静に，まるで絵でも眺めるように，自分の悩みを理解することができるようになるのです。このように，クライエントが自分の悩みや苦しみを冷静に見つめられるような状態にすることを，**外在化（脱中心化）**といいます。
　この外在化がある程度進むだけでも，クライエントの悩みや苦しみはずいぶん和らいでいきます。まだ何も解決していなくても，自分の悪循環を冷静に眺めることができれば，どの方向に，どのように進んでいけばよいかわかります。よって外在化は，認知行動療法がうまく展開される前提条件として，非常に重要です。
　また自己理解を深めることは**「今，ここ」**に注目することを促します。悩んでいる時は過去のことばかりを気にしたり，これから先の未来のことばか

りを気にしがちです。しかし，過去や未来のことばかりを考え，今の自分が
どのようにしているか，今は何をするべきか，つまり「今，ここ」の自分を
考えることができないと，なかなか生活の歯車をうまく回すことができませ
ん。よって，自己理解を深めることは「今，ここ」の自分の状態を整理しな
がら，具体的に今，そして明日からどのようにしていけばよいか，考えるこ
とにつながるのです。

その2：恐怖対象への過敏性を低減し，不安や恐怖，身体的苦痛など の情動反応を鎮静化するための対処法を身につける

　不安や恐れが，私たちの多くの悩みに関与していることは，これまでにお
伝えしてきました。そこで，クライエントの「パニックになってしまう」「混
乱してしまって，自分でどうしたらいいかわからなくなってしまう」という
混乱を，どのように鎮静化するかが大切になります。そのために，クライエ
ント自身の不安や恐怖に対する過敏性を低減し，不安や恐怖に立ち向かう対
処法を身につけていくことが，2本目の柱になります。

　苦しみが和らいでいかなければ前向きに考えることもできませんし，常に
セラピストがいないと駄目であるならば，それもやはり生活の中で役立てる
ことはできません。よって，セラピストに依存した対処ではなく，クライエ
ント自身が苦痛や混乱にうまく対処していけるような力をつける必要があり
ます。そのためのサポートを行っていきます。

その3：習慣化している「逃げる・避ける」の行動様式を改善し，状 況に即した適応的な行動を身につける

　クライエントの生活にあるさまざまな悪循環には，嫌なこと，苦手なこと
から逃げたい，避けたいという回避の問題が隠れており，それが悪循環を維
持させていることが多いです。例えば子どもの場合，学校で友達関係に不安
があれば，学校に行きづらくなったり，不登校になったりといった生活上の
問題が生じるかもしれません。大人の場合，職場で挫折や人間関係の悩みが
あって抑うつ的になれば，仕事をやりたくなくなったり，朝起きても職場に
行きづらくなるということが起こります。このように，心の問題が生活の問
題に広がっていくことが，実は生活の中でクライエントが抱える一番大変な
ことなのです。そして，その多くには，嫌なこと，苦手なことから逃げたい，

避けたいという回避の問題が隠れています。

そこで，逃げようとすること，避けようとすることからいったん立ち止まり，どのように前向きに取り込んでいけばいいのかという，行動面でのサポートが非常に大切になってきます。これが認知行動療法の3本目の柱です。

その4：ものの受け止め方や，予測，判断，思い込みや信念などの思考・認知過程を改善・修正する

悩みや生活上の問題の背景には，クライエントの偏ったものの見方や，考え方があります。「こうなったらどうしよう」「ああなったらどうしよう」と不安をあおるような予測をしたり，あるいは「自分はこういう人間だから仕方ない」と思い込みの判断をしたりしてしまいます。このような偏ったものの見方，考え方，思い込みや信念などが，問題を悪化させていることが多いのです。そのため，少し違った視点から自分の思考を見つめなおしたり，あるいは同じ状況であっても今までとは別の視点から状況を把握できるようサポートすることが，認知行動療法の4本目の柱です。

これから認知行動療法を学ぼうとする方々は，細かい技法はこれから勉強していくとしても，まずは上記の4本柱を念頭に置きながらクライエントに接してください。4本柱を念頭に置きながらクライエントの問題を理解し，支援できる具体的な方法を考えていこうという姿勢で心理面接を行うことができれば，それはすでに認知行動療法の立ち位置でセラピーをやっていることになるでしょう。そして，みなさん自身も認知行動療法という心理療法を体験学習として身につけていけるとよいのではないかと思います。

次の章からは認知行動療法の4本柱について，1本ずつより詳細な説明をしていきたいと思います。

第2章 まとめ

●クライエント個々の問題に応じてさまざまなアプローチがあるが，それらを構成している基本要素は，かなりの部分で共通している。

●認知行動療法の基本要素は，大きく4つの柱に集約することができる。

第3章

ポイント1：
ケース・フォーミュレーション

　本章では，第2章でお伝えした4本柱のそれぞれについて，もう少し具体的な話をしながら，イメージをつかんでいただきたいと思います。まずは，ケース・フォーミュレーションについてです。これは一般的な臨床心理学の言葉で言えば「見立て」に相当する部分で，第2章でお伝えした内容でいえば，1本目の柱である，クライエントに自己理解を深めてもらう部分に相当します。

① 主訴の多面的アセスメント

　認知行動療法に限ったことではありませんが，まずセラピーの入り口として，クライエントの主訴[*3]をしっかり把握していくことが大事です。とくに認知行動療法がこの主訴の把握のときに大事にしていることは，生活の中でのクライエントの悩みを，以下のように多面的に，具体的に把握していくことです。

　クライエントにどのようなことが，いつ頃から，どのように生じてきたのか，そして今の生活の中のどの場面で，どのような症状や，どのような考えや，どのような行動が，どのように現れているのか，できるだけ多面的に，具体的に把握していきます。

- ・不安感，抑うつ感，怒りなど…情緒的反応
- ・ふるまい・態度・表情・話し方…行動的反応
- ・身体症状，ドキドキ，痛みなど…身体的反応
- ・評価，予期，判断，価値観，信念…認知的反応

セラピストは，クライエントの話を聞きながら，クライエントの苦手な場

[*3] クライエントの主訴／クライエントが何を求めて相談室に訪れたのかという，主な相談内容のこと。

面や悩んでいる場面が，頭の中にリアルな映像として浮かんでくるように情報収集していきます。ただし，ここでいう「リアルな映像」は，典型的・一般的なものではなく，クライエント固有のものです。例えばうつ病のクライエントが来談したとします。うつ病に対して，セラピストの中に一般的なイメージが存在している場合，そのイメージに沿うような話が出てくると，何となくそれで理解したような気持ちになってしまうことがあります。しかし，うつ病の人にもいろいろな人がいるはずです。目の前のクライエントが，どのような場面で，どのような人から，どのような言葉をかけられたときに，どのような気持ちになっているのかをしっかり把握できなければ，典型的なうつ病の姿はイメージできても，目の前のクライエントがどのような場面で悩んでいるか，リアルな映像として頭の中に思い浮かべることはできないでしょう。

同じうつ病でも…?

ひとりひとり、問題は異なる

　また，認知行動療法は体験学習療法ですので，クライエントが直面している具体的な問題場面をリアルな映像として想定することができなければ，クライエントがどのようなことに向き合って，どのように過ごしていくべきか，具体的な目標を定められないことになってしまいます。
　では，クライエントの問題状況をリアルな映像として思い浮かべるためには，どのようにすればよいのでしょうか。クライエントの反応は，**情緒面・行動面・身体面・認知面**の4つに分類して整理することができます。クライ

エントは，この4つの側面を満遍なくお話しするとは限りません。例えば身体の症状が気になっているクライエントは，身体面ばかりをお話になります。しかし，そのクライエントの問題や悩みは身体面のみではないはずです。ですから，情緒面・行動面・身体面・認知面という4つの側面の情報について，こちらから積極的に聞き出していくことも大切です。

以下の図を見てください。

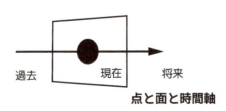

点と面と時間軸

　心理療法の導入期において，クライエントが主訴として話してくれる内容は，「現在」の黒丸の部分ぐらいの大きさしかないのかもしれません。しかし，クライエントの問題はその点だけでなく，周りに面のように広がっているはずです。さらに，面は過去から未来に向かって変化しながら続いています。そのため，過去から現在に至るまで，あるいは現在から未来に向かって，その面がどのように変化していくのかということも把握していく必要があります。

　このように，クライエントの反応を情緒面・行動面・身体面・認知面という4つの側面に整理したり，時間軸に沿って整理しながら，クライエントを多面的に理解することではじめて，クライエントの問題状況をリアルな映像として思い浮かべることが可能となります。

② **主訴に影響している背景要因のアセスメント**

　主訴の把握ができたら，周辺的な背景要因の収集に移ります。クライエントの問題を形成・維持している悪循環は，何らかの問題にさまざまな要素が絡み合うことで，複雑化しています。ですから，悪循環を理解するためには，周辺的な背景要因がどのように複雑に絡み合っているかを理解する必要があります。主要な背景要因として，以下が挙げられます。

　・発達的要因

- 身体的要因
- 生活習慣や行動パターンに関する要因
- 性格的要因
- 家族関係の要因
- 周囲の人間関係の要因
- 環境的要因

　ここで大切なことは，特定の心理的障害モデルにこだわらず，幅広く情報を収集することです。臨床心理学を学べば学ぶほど，私たちは自分の学んできた色眼鏡でクライエントの問題を見てしまいがちになります。それは専門性という観点からは大事かもしれませんが，クライエントの情報を整理する段階において，その色眼鏡は視野を狭くしてしまうことが多いです。ですから現段階では，できるだけ自分の専門性に頼らずに，上記にあるようないろいろな観点で情報収集することが大事です。発達的要因や身体的要因，クライエントの生活や行動面，性格的要因，家族関係や人間関係，環境要因などさまざまな周辺的背景要因を広く取り入れることで，全体的にクライエントの悪循環を眺められるようになるでしょう。

③ ケース・フォーミュレーションの落とし穴

　ここまでに得た情報をもとに，ケース・フォーミュレーションを組み立てていきます。認知行動療法の教科書などでケース・フォーミュレーションという項目を読むと，以下のような図がよく出てきます。つまり，クライエントの認知や行動，感情，身体症状が，お互いにどのように影響しながら絡み合っているのか，という図です。

ケース・フォーミュレーション

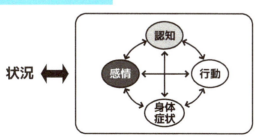

たしかにこの図は認知行動療法のケース・フォーミュレーションの基本的な枠組みなのですが，実はいきなりこの図を念頭に置きながらクライエントの悪循環を理解しようとすると，ラフで大雑把な理解に陥りがちです。例えば認知について，クライエントが常にもっている全般的な考え方もあれば，ある時，ある人と話している特定の状況のみ現れる考え方もあるはずです。つまりこの図を単純に使うだけでは，クライエントの悪循環を理解できたことにはなりません。特定の状況のみで起こる悪循環もあれば，クライエントの中で常に起こっている悪循環もあるからです。よって，状況の違いを考慮しながら整理することが必要になるのです。

④ 事象レベルからメタレベルへ

状況の違いを考慮しながら整理することが重要と述べましたが，では，どのような状況から整理すればよいのでしょうか。まずはクライエントが苦手な状況，困っている状況で起こっている悪循環を整理することからはじめましょう。これを**事象レベル**の理解と呼ぶことにします。もちろん，状況というものは細かく挙げれば無限に存在しているわけですが，クライエントの話を聞くうちに「このクライエントは，この状況が苦手なようだ」とか「この相手との人間関係においては，いつもほぼ同じようなパターンにはまっている」というような，主要なエピソードが見つかってきます。その主要なエピソードの悪循環から整理していきます。具体的には，以下の図のように整理していきます。

機能分析的アセスメント（事象レベル）

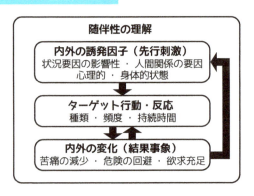

第3章 ◆ ポイント1：ケース・フォーミュレーション

　どのような状況で（内外の誘発因子），どのようなことが起こり（ターゲット行動・反応），その後どのような展開になるのか（内外の変化）という，状況と個人の相互作用を整理していきます。このことを，**随伴性の理解**[*4]といいます。

　クライエントのさまざまな状況について随伴性の理解を積み重ねることで，クライエントにとって悪循環になりやすいパターンがいくつか出てきます。このことから，個々のエピソードが積み重なり，かつそれが長期化することによって起こる悪循環を整理できるようになっていきます。それが以下の図です。

機能分析的アセスメント（メタレベル）

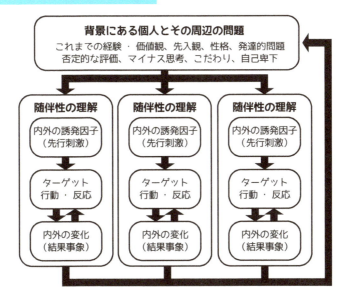

---

*4 随伴性の理解／第1部第2章で登場した「刺激―反応―結果の図式」と同意。「内外の誘発因子→刺激」「ターゲット行動・反応→反応」「内外の変化→結果」と置き換えられる。

事象レベルの理解を積み重ねることで，**メタレベル**[*5]の理解を得ることができます。図における「背景にある個人と，その周辺の問題」がメタレベルの理解に相当します。このことにより，事象レベルのような日常的な問題の整理もできますし，事象レベルの問題が広がり，積み重なったことによるメタレベルの問題も整理できます。このような理解を経てはじめて，ケース・フォーミュレーションの図における認知・行動・感情・身体症状という悪循環が，立体的に見えるようになるのです。

⑤ アセスメント情報の整理と見立ての枠組み

　以下の図を見てください。

アセスメント情報の整理と見立ての枠組み

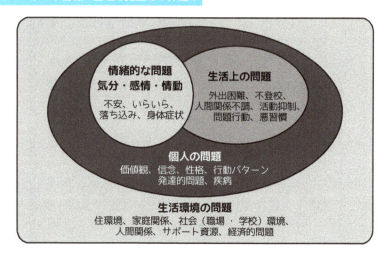

　私たちの悩みは，まず上図の中心部分の**「情緒的な問題」**が最初に起こります。情緒的な問題とは，例えば「不安でいたたまれない」「気分が落ち込む」といった問題です。それが徐々に**「生活上の問題」**に広がっていきます。例えば「不安があって，どうしても学校にいけない」「気分が落ち込んでしまっ

[*5] **メタ**／他の語の上に付いて，「間に」「超えて」「高次の」などの意を表す（大辞林）。本章における「メタレベル」は，各事象レベルに共通して影響し，共通して影響を受ける「各事象レベルを超える要因」として設定されている。

て，仕事に取り組めなくなる」といった図式です。気分や感情の問題が，生活上の問題に広がっています。これらの問題が，まずケース・フォーミュレーションにおいて把握すべき，事象レベルの問題ということになります。

　これらの生活上の問題は，クライエントの性格や，発達的な困難など「個人の問題」が背景にあったのかもしれません。もちろん，生活上の問題がさまざまに積み重なることにより「個人の問題」に広がった可能性もあります。さらには，クライエントの置かれた職場環境や，地域・人間関係などの「生活環境の問題」が背景としてある可能性もあるでしょう。これらの問題が，メタレベルの問題となります。

　ともすれば私たちは「個人の問題」や「生活環境の問題」を真っ先に見ようとしてしまいがちです。しかしこれまで述べてきたように，メタレベルから問題を理解しようとすると，どうしても具体的で細かな，クライエントの生活に直接即した事象レベルの問題が抜け落ち，情報として大雑把になってしまいます。ですから，この図でいえば「情緒的な問題」や「生活上の問題」といった中心的な部分（事象レベル）から，「個人の問題」や「生活環境の問題」といった周辺的な要素（メタレベル）に理解を進めていくことが望ましいといえるでしょう。

> **第3章 まとめ**
>
> ●ケース・フォーミュレーションにおいては，クライエントの主訴を聞きながら，クライエントの苦手な場面，悩んでいる場面が，頭の中にリアルな映像として浮かんでこなければならない。
>
> ●「情緒的な問題」や「生活上の問題」といった事象レベルを中心に取り扱い，その後，「個人の問題」や「生活環境の問題」といったメタレベルに理解を進めることが望ましい。

第４章

ポイント２：
エクスポージャー法

　本章では４本柱の２本目である，クライエントの不安や恐怖，不快な気分や感情のサポートについてお伝えします。具体的には，**エクスポージャー法**という技法について解説します。エクスポージャー法は，クライエント自身が不安や恐怖に向き合うために非常な有効な方法として，認知行動療法では位置づけられています。

① 不安・恐怖の形成と維持のメカニズム

　まず，エクスポージャー法を説明するにあたって，私たちの不安や恐怖がどのように形成され，かつ維持されていくのかをお伝えしたいと思います。

恐怖反応の条件づけ

　まず，私たちの不安や恐怖は，生活上の何らかの体験を通じて，その状況や場面が嫌になったり，苦手になったり，怖くなることからはじまります。これを心理学では**条件づけ**[*6]といいます。例えば「ある出来事で，友人からとてもひどいことを言われ深く傷ついた時，それ以来何となく会話の中で，その人が自分のことをどう思っているのか気になるようになってしまった」などの例が挙げられます。これが，体験を通じて怖い状況，苦手な場面が形成されるプロセスです。

　ただ，特定の場面だけに限って苦手ならば，私たちの生活はそれほど困ることはありません。しかし，私たちはある出来事を経験すると，その出来事

[*6] **条件づけ**／ベルの音を鳴らしてから犬に餌を与えると，ベルの音を聞くだけで犬が唾液を出すようになるという「パブロフの犬」という現象で知られる。白いネズミを見せてから大きな音で恐怖を与えるうちに，白いネズミに恐怖を抱くようになる「アルバート坊やの実験」も条件づけの一例である。特に上記２つの例は，条件づけ理論の中でも「レスポンデント条件づけ」と呼ばれるもので，レスポンデント条件づけは，反応の形成に関与するとされている。

についていろいろ考えたり，想像したりします。そのため，苦手な場面はだんだんと他の場面に広がってしまうのです。例えば「ある時，通勤電車の中でとても苦しいパニック発作を起こして，死んでしまうのではないかという経験をしたパニック症のクライエント」を例に挙げましょう。その出来事はある日，ある時の電車の中の出来事にすぎなかったのですが，その人は，仕事に行くたびにまたその発作が起こるのではないかと考えるうちに，バスや飛行機や，そのほかの乗り物も怖くなってしまいました。また，エレベーターや地下道などの閉鎖空間も怖くなってしまいました。これは，パニック症のクライエントによくある話*7です。このように，イメージや予測など，いろいろなことを考えるうちに，不安はどんどん周辺的なものに広がっていくのです。

不安刺激に対する情報処理の活性化

不安が広がると，非常に過敏な状況になります。このことを，不安に関連する刺激に対する**情報処理が活性化**された，と表現します。不安や恐怖が起こらないように，常に周到に準備して，早めに対処しようと思うことが，結果的に，不安刺激に対する過敏性を高めてしまっているのです。よって，不安や恐怖の対象ではなかったものですら，とても危険なもの，怖いものと思うようになってしまうのは，この不安刺激に対する情報処理が活性化されたから，と考えることができます。

不安刺激に対する情報処理の活性化

不安が起こらないよう過敏になる　→　不安や恐怖の対象でないものもおそれるようになる

---

*7 予期不安／パニック症のクライエントは，パニック発作そのものへの不安だけでなく，突如やってくるパニック発作に対して「自分は，いつパニック発作になってしまうのか」ということに対する不安が強い。この発作の再発に関する不安を予期不安という。

回避行動の習慣化

　不安刺激に対する情報処理が活性化されてしまうと，今度は不安や恐怖を回避して，逃げよう・避けようとする行動が習慣化してしまいます。いろいろな場面で不安や恐怖を感じることがあっても健やかに元気で過ごせる人がいるのは，不安や恐怖を感じても逃げてばかりはいられないから，頑張って挑戦するうちに不安や恐怖にだんだん慣れていくことができるからです。はじめは怖いと思っていたことでも，時間が経つうちにだんだん大丈夫だと思えるようになるという認識の変化は，みなさんの日常生活でもよくあることでしょう。しかし，不安刺激に対する過敏性が高まったり，不安場面が広がりすぎてしまうと，不安刺激から逃げよう，避けようという行動が定着しすぎてしまうのです。

学習解除の機会損失

　逃げる・避けるという行動が定着すると「不安だったけど，実際に体験してみると大丈夫だった」という「不安という認識を改める機会」が失われてしまいます。このことを，**学習解除[8]の機会損失**といいます。不安の問題で悩んでいる人は，不安を感じることそのものが悩みだと思っている人が多いのですが，実は不安に感じることそのものは，それほど大きな問題ではありません。むしろ不安や恐怖を感じることにより，不安から逃げてしまい，近づこうとする歩みを止めてしまうことが大きな問題なのです。その歩みを再び取り戻す取り組みを，認知行動療法ではサポートしていくべきと考えます。

---

[8] 学習解除／学習解除の「学習」という表現は，「不安や恐怖が，条件づけにより学習されたもの」という立場に基づいている。よって，不安や恐怖に対する認識が変わることは，不安や恐怖の学習が解除された，とみなすことができる。

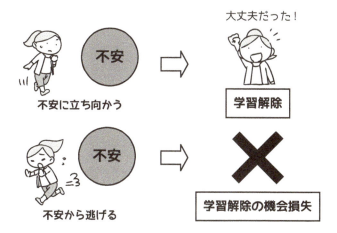

② エクスポージャー法の仕組み

　不安や恐怖から逃げてしまうことが，どのように不安や恐怖を維持させてしまうのか，以下の図を見ながら考えていきましょう。

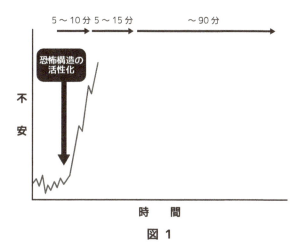

図1

　不安や恐怖によってビクビクした状態が作られていると，先ほどお伝えしたように，刺激に対する過敏性が高まります。そのため，些細なことで急激に不安や恐怖が高まっていきます（図1）。

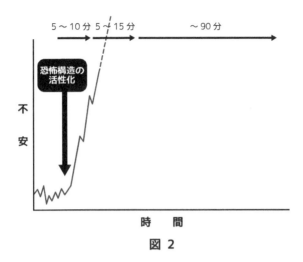

図2

そして急激に不安や恐怖が高まると，その不安や恐怖が際限なく大きくなってしまうのではないかという想像に駆られます（図2）。この想像は，誰もが起こることです。

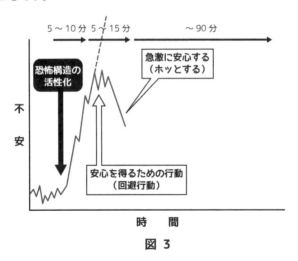

図3

そして，自分の不安や恐怖が際限なく大きくなるような想像は，誰にとっても怖いものですから，そこから逃げ出そうとするのも当然といえます。逃げ出すことによって「ああよかった」と一瞬安心することができます（図3）。

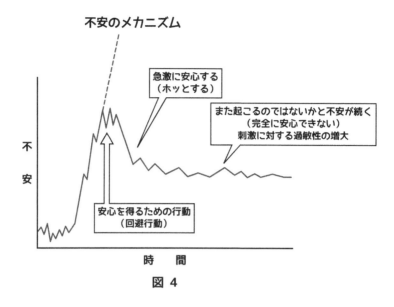

図 4

　その結果，不安や恐怖を一時的とはいえ回避することができるので，回避行動が習慣化してしまいます[*9]。また，逃げることによって安心するということは，逃げた場面について「あの場面は危険だ」「あの状況には気をつけろ」「あの場面になると，不安が大きくなってしまうぞ」という固定観念を作ってしまいます。そのため，完全に安心していないだけでなく，逃げた場面についてより過敏性が高くなり，より逃げやすい状態になってしまいます（図4）。結果，悪循環が生まれてしまうのです。

　ではエクスポージャー法では，このような悪循環をどのように解消していくのでしょうか。まず，図2をもう一度見てください。人間の不安や恐怖は，このように際限なく大きくなり続けるのでしょうか。実はそうではありません。人間に限らずどんな動物でも，1つの感情や感覚がずっと大きくなり続けるということはなく，どこかでピークを迎え，多少上がり下がりはしながらも，だんだんと鎮静化し，やがては落ち着いていきます。図5の青い線のような変化をたどるのです。

*9 **回避行動の習慣化**／特定の行動の結果，不快な刺激を除去することができた場合，その行動の生起頻度が増していくことを，負の強化という。不安に対する回避行動によって，不安から逃れられるため，回避行動が習慣化するという今回の話題は，負の強化の一例と考えられる。

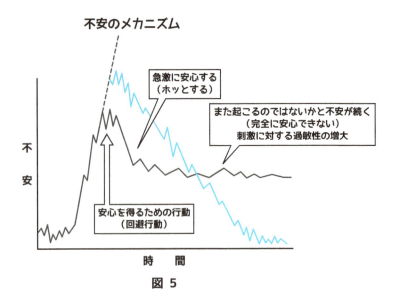

図5

　しかし，不安を抱えるクライエントの多くは途中で逃げてしまうので，図5の青い線のように自分の心や体が変化するということを，体験しないままに終わってしまっています。そこでエクスポージャー法では，途中で不安から逃げてしまうのではなく，その場で留まり，自分の不安や体の状態がどのように変化するかを体験してもらいます。自分の不安がやがてはピークを迎え，多少上がり下がりはしながらも，だんだん落ち着いていくということを，最後までクライエント自身にしっかり体験してもらうのがエクスポージャー法です。

③ エクスポージャー法の反復効果

　エクスポージャー法についてクライエントの立場で考えれば「ピークを迎えるまで不安と向き合うなんて，とてもできない」と思うことでしょう。しかし，人間の体や心はとてもよくできていて，不安のピークを迎え，落ち着いていくという変化のプロセスは，毎回毎回，同じように長い時間を要するわけではありません。

　以下の図のように，回数を重ねるたびに迎えるピークの不安は低くなり，それに伴い落ち着くまでの時間も短くなっていくのです。

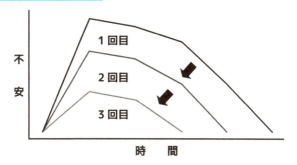

　上図の内容は，日常生活の中で実感として多くの人が感じることができると思われます。例えば新学年になり，学校に行く時を考えてみましょう。初日は当然緊張することでしょう。しかし2日目・3日目・4日目と，日を重ねるにつれて落ち着いていき，馴染んでいき，学校が居心地のよい場所になることでしょう。これは，上図のような変化をたどっているからです。

　不安や恐怖に悩んでいるクライエントは，自分の力で不安や恐怖に慣れていくというプロセスに対して，どうしても臆病になり回避行動をとってしまいます。そこで認知行動療法のセラピストは，クライエントに力を貸しながら，不安や恐怖に慣れる場を提供していくのです。

　さらに，エクスポージャー法に取り組みやすくする方法として，クライエントが不安に思うこと，恐怖を感じること，苦手なことを，階層的に整理する**不安階層表の作成**が挙げられます。以下は，不安階層表の作成例です。

第2部　認知行動療法の基本技法を学ぶ

不安階層表の例（不安を感じる場面。数字はSUD[*10]）

1. 取引先の大勢の前でプレゼンをするとき…100
2. 顧客と打ち合わせをするとき…95
3. 部長と一対一で打ち合わせをするとき…90
4. 係長と一対一で打ち合わせをするとき…80
5. 重要な社内会議のプレゼン…70
6. 重要な社内会議の出席…55
7. 取引先との宴会…40
8. 取引先との会食…35
9. 部内の朝礼で報告をするとき…20
10. 部内の人と昼食をするとき…15

　この例の場合「部内の人と昼食をとるとき」が最も不安が低い場面なので，まずクライエントにこの場面を直接体験してもらうことにより，不安に慣れてもらいます。そして段階的に，スモールステップを組みながら，より高次の不安に慣れていくのです。

　段階的に進めるということは，以下のような図を想像することでしょう。1つの不安場面が達成されたら，次のより強い不安場面が待っています。すると，強い不安場面に進めば進むほど，とても長い時間や困難が待ち受けているように思えます。

---

*10 SUD（自覚的障害単位）／それぞれの状況に対する主観的な不安度を100点満点で評価した値。

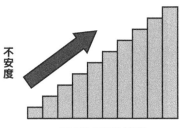

　しかし，人間の心や身体は非常に順応性があり，最初の段階をクリアすると，先の段階に取り組んでいないのに，すべての段階の不安が下がっていくのです。その次の段階をクリアしても，まだ先の段階に進んでいないのに，先の段階の不安が下がっていきます。つまり，下図のようになります。

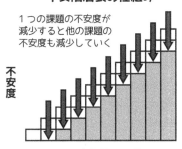

　よって，すべての段階をゼロから取り組むわけではなく，取り組めば取り組むほど，クライエントの不安や恐れは減少していくのです。実際，認知行動療法におけるエクスポージャー法について，非常にスムーズに，順調に進むことがあります。このような場合は，図のように1つの成功が次の成功を生み出していく，よい循環が生まれています。このようなよい循環を活用しながら，クライエントへのエクスポージャー法を進めていけるとよいでしょう。
　エクスポージャー法は，一見クライエントに怖い思いをさせる，冷酷な技法のように思われがちです。しかし，クライエント自身が本来もっている力

第 2 部　認知行動療法の基本技法を学ぶ

強さを取り戻していただくための，とても大切な技法であると認識してもらいたいです。

> **第 4 章 まとめ**
>
> ●不安が高まり，広がると，些細なことでも過敏に反応するようになり，不安に対する回避行動が多くなっていく。
>
> ●エクスポージャー法は，クライエントの不安がピークを迎えた後に落ち着いていくことを，クライエント自身がしっかり体験する方法である。
>
> ●反復してクライエントが不安と向き合うことで，クライエントが不安を感じる時間と，ピークまでの時間が短縮されていく。

第 5 章

ポイント 3：オペラント学習

　本章では 4 本柱の 3 本目として，クライエントの生活面・行動面をどのように支援していくか，という点についてお伝えします。特に本章では，人間の生活面や行動面を「学習」という観点から理解することが重要となるため，まずはその部分を整理したいと思います。

① 臨床上の問題を「学習」という観点から捉える

　「学習」というと勉強がイメージされやすいのですが，勉強は「学習」の一部にすぎません。体験を通して気づき，いろいろな反応や行動を獲得することすべてを学習[11]といいます。そこで，臨床上のさまざまな問題を「学習」という観点から捉えながら，行動面・生活面の支援を考えてみましょう。

臨床上の問題を「学習」という観点から捉えてみる

未学習	状況に適応していくために必要とされる行動や習慣、考え方などが十分に形成されていない ・新しい職場に馴染めない ・思うことが言えない
誤学習	状況にそぐわない態度や習慣、考え方などが形成されてしまった ・怖いこと、嫌なことを避ける ・逆切れ、粗暴な行動
過学習	特定の態度や習慣、考え方などが必要以上に過剰に形成されてしまった ・完璧主義 ・過剰適応

---

[11] 学習／心理学で用いられる「学習」に「成長」や「進化」といったニュアンスは含まない。そのため，ボールをうまく投げられるようになる，うまく友達に話しかけられるようになる，という比較的ポジティブな反応や行動の獲得だけでなく，学校に通うことに不安を感じるようになる，知り合いを発見すると見つからないように隠れてしまう，などの比較的ネガティブな反応や行動の獲得も「学習」に含まれる。

第2部　認知行動療法の基本技法を学ぶ

未学習

　未学習とは，状況に適応していくために必要とされる行動や習慣，考え方などが，十分に形成されていない状態です。例えば，子ども達が小学校や中学校など新しい環境に移った時，最初は戸惑います。それは，新しい環境で，どのように過ごしたらよいのかわからない未学習の状態だからです。しかし，過ごし方がわかってくれば，元気に楽しく過ごせるようになります。大人であっても，新しい職場には戸惑いがあるはずです。しかし過ごし方を学ぶことができれば，新しい職場でうまくやっていくことはできるはずです。

　つまり，クライエントの困難の背景には，クライエント自身が新たに学んだり身につけたりすることで，改善することができる点があるのではないだろうか，ということが1つ目の視点です。

誤学習

　誤学習とは，状況にそぐわない態度や習慣，考え方などが形成されてしまったことです。本来ならばもっと違うことを身につけるべきであったのに，悪循環を生み出す行動を学んでしまったと言い換えることもできます。例えば，不安や恐怖から逃げたり避けたりする行動は誤学習と考えられます。本来ならば不安や恐怖があってもそこに留まり，自分の様子をもう少し冷静に見ることができればよかったのに，不安・恐怖を感じ，そこから逃げ出したり立ち去ったりということを学んでしまったが故に，より生活がつらくなってしまっているのです。

　また，人間関係の中でトラブルを起こしやすいクライエントは，逆切れや横暴な行動など，他者から見れば「なぜあのような言い方をするのだろう」「なぜあのような態度をするのだろう」と思うようなことをすることがあります。しかし，クライエント当人からすれば，誤学習によって形成された，ごく当たり前の行動習慣なのかもしれません。このような場合は，形成されてしまった誤学習を正しい学習に促していくことが支援につながることでしょう。これが2つ目の視点です。

過学習

　過学習とは，特定の態度や習慣，考え方などが，必要以上に過剰に形成されてしまった状態を指します。特定のことをあまりにも一貫して極端に，ど

んな場面でも，どんな人に対しても行おうとすることは，自分自身を苦しめてしまうこともあるでしょう。例えば「完璧主義」について考えてみましょう。ミスをしないように，丁寧にやっていこうという振る舞いはよいことです。しかし，いつでも，どこでも，誰に対してもミスのないように，丁寧に，完璧に…と思ったとしたら，それはとてもつらいことになるでしょう。

　他の例として「過剰適応」が挙げられます。周りの意見を気にしながら，周りの意見に合わせていくことは，生活の中でとても大事な振る舞いです。しかし，誰に対しても，どのような状況でも，周りの意見に合わせなければならないと考えていたら，それはやはりつらく，苦しい生活になることでしょう。このように，悪いことではないのですが，首尾一貫してやり過ぎてしまっている場合があるとすれば，その過学習をもう少し穏やかに，緩やかにしていくことで，支援ができると考えられます。これが3つ目の視点です。

　このように臨床的な問題を「学習」という観点から捉えなおすと，かなり具体的な支援の方向性が見えてくるかと思います。

② 行動面を，4つの要素から捉える

　次に，「学習」という観点からさらに理解を進めるコツとして，行動面を4つの要素から捉えなおす，ということを紹介します。4つの要素とは以下の通りです。以下に順に説明していきます。

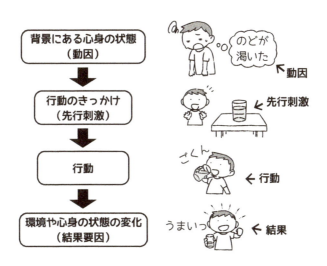

111

動因

行動が生じるときには，その前提条件として，欲求や衝動などの心の動きがあります。このような行動の背景にある心身の状態を動因といいます。例えば「のどが渇いた」という動因があるから，お茶を飲むわけですし「何かむしゃくしゃする」という動因があるから，怒鳴ってしまうわけです。

先行刺激

さらに行動が生じるときには，行動のきっかけとなるものが存在します。例えば「のどが渇いた」という動因が生じても，水がない砂漠では水を飲めません。動因だけでなく，実際に「水がありコップがある」という状況があるからこそ，水を飲むのです。このような，行動が起こるきっかけとなる周囲や環境の要素を先行刺激[12]といいます。

行動

行動とはまさに私たちの身振り，手振り，あるいは生活のなかのさまざまな立ち振る舞いのことです。そしてこれまで紹介してきたように，この行動が起こる背景には，行動が起こる前の心や身体の準備状態である動因や，行動のきっかけとなる先行刺激が前提としてあるのです。

結果要因

行動が起こった後，私たちは「よかった」「うれしかった」と感じることもあれば「つらかった」「苦しかった」と思うこともあります。私たちは「よかった」「うれしかった」と結果として快を感じた行動は，また同じ場面で同じように行動しようと思います。同様に「つらかった」「苦しかった」と結果として不快を感じた行動は，同じ場面で同じように行動するのを止めようと思います。このように，行動の結果が習慣を形成していきます[13]。

---

[12] 先行刺激／本章における先行刺激は，心理学において誘因と表現されることもある。

[13] オペラント学習／このような行動の結果による習慣の形成をオペラント学習と呼ぶ。

③ 4つの要素を用いた問題の具体的な理解と支援

では，先ほど紹介した4つの要素を用いて，具体的に問題を理解する例をいくつか紹介したいと思います。

例えば学校場面で，先生にちょっかいを出したり，先生が嫌がるようなことをわざと言う子どもがいます。その子どもを，どう理解すればよいでしょうか。まず，何か先生に気にかけてほしい，もっと先生にかかわってほしいという気持ちが，その子どもにあったとします（→動因）。そして，実際に先生が近づいてきます（→先行刺激）。そして先生が嫌がるような言動をします（→行動）。すると「そんなこと言ってはダメでしょう。先生，そんなこと言われたら悲しくなるよ」などと言われることで，何となく先生を独占したような気持ちになってしまった（→結果要因）としたら，先生に嫌がる行動をすることが習慣化してしまう可能性があります。このことをまとめると，以下の図のようになります。

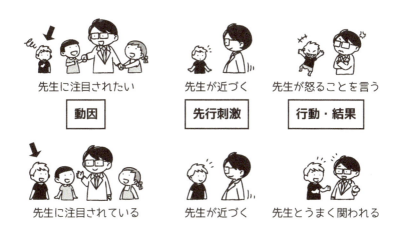

**前提となる動因や先行刺激が変わることで
行動が変わるきっかけが生まれる！**

ここまで例を挙げた「先生が嫌がる言動をする」などの行動は注目されやすいため，まず行動を変えようとすることが多いのですが，行動だけを変えようとすることはとても困難で，容易に変えられません。

しかし，前提になっている動因や，先行刺激を少し変えてあげることで，

行動が変わっていくきっかけづくりができるとすれば，それはいわば，生活の仕方，行動の仕方を変えていくための，かなり具体的な支援となることでしょう。
　このように，行動を4つの要素から捉えることで，以下の図のような多様なアプローチが可能となります。

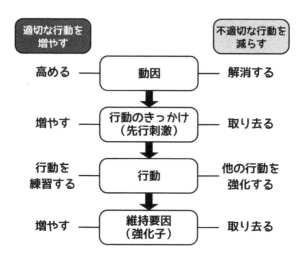

　例えばよくない行動を減らしたい時には，よくない行動が起こる前提となる動因を別の方法で解消・緩和してあげたり，行動のきっかけとなっている先行刺激を環境面や状況面から変化させたりすることが役に立つかもしれません。より適切な行動を身につけた方がよい場合は，適切な行動が起こりやすい環境を整えたり，その行動の重要性をしっかり伝えたり，その行動をしたときに「よかった」「うれしかった」「楽しかった」と思えるフィードバックを行ったりと，いろいろな側面からアプローチすることができるのです。
　どうしても私たちは「わかっているけど，やめられない」「やらなきゃいけないと思うけど，なかなかできない」という時に，行動という部分だけに目を向けがちです。それを4つの要素に分解して，この4つのどこかにアプローチすることができれば，いつもと違った行動パターンが生まれる可能性があります。そのような，幅広いアプローチを考えていけるとよいでしょう。

第 5 章 ✦ ポイント 3：オペラント学習

第 5 章 まとめ

●臨床上の問題を「学習」という観点から捉えると，未学習・誤学習・過学習の 3 つに分類できる。

●「学習」という観点から，行動を，動因・先行刺激・行動・結果要因という 4 つの要素に分解することができる。

●行動を 4 つの要素に分解することで，行動の変容に向けた多様なアプローチが可能となる。

第 6 章

ポイント 4：認知再構成法

　本章では 4 本柱の 4 本目として，クライエントのものの見方，考え方をどのように柔軟にしていくか，違った視点から自分を見つめなおすために，どのような支援ができるか，という点についてお伝えしていきます。具体的には，**認知再構成法**という技法を紹介していきます。

① 不適応に関連する認知の歪み
　私たちが悩んだり苦しんだりしているときは，どうしてもマイナス思考になりがちです。クライエントの話を聞いていると，悩みの内容は千差万別，全員違うのですが，丁寧に聞いていくと実は同じようなマイナス思考や，自分や周囲に対して同じような考え方の特徴をもっていることがわかります。これらの考え方の特徴を，**認知の歪み**と呼びます。代表的な認知の歪み[14]を，以下にまとめました。

不適応に関連する認知の歪み

- ■悪い方の予測がエスカレートしてしまう
- ■嫌なことしか見えない考え方
- ■勝手な思い込み
- ■「全か無か」「白か黒か」の考え方
- ■何でも自分のせいだと考える
- ■自分を苦しめる・縛りつける考え方

　さまざまな認知の歪みについて，いくつか具体的な例を挙げながら紹介しましょう。例えば，悪い方へと予測しすぎてしまうことが挙げられます。こ

れから自分に，よいこと・よくないことのどちらが起こるかわからないのに，悪い方ばかりを考えてしまうのです。「あの時こんな失敗をしてしまった」「自分の性格はここがダメだ」という悪いことばかり思い出したり考えてしまうことも挙げられます。「自分は嫌われているのではないか」と気にしている時に，職場であいさつしても返事をしてもらえなかったりすると「自分はやはり嫌われている」といったように，自分の考えを確信に変えてしまうことも，認知の歪みの一例として挙げられます。

　全か無か，白か黒かというような非常に極端な考え方も認知の歪みの1つです。私たちの人間関係は，すべての人に好かれることなどありえません。「あの人は少し苦手だな」「あの人は自分のことをあまりよく思っていないのだろうな」と考えることは，むしろ当然のことです。しかし，極端な考えが強まってくると，少しでも自分に否定的な思いをもつ人がいたら，自分は多くの人から嫌われる存在だと考えてしまう可能性があります。私たちの生活に100％ということはほとんどないので，常に100％を求める考え方をするようになると，毎日が失敗だと思う生活になってしまうのです。他には，何でも自分のせいだと結びつけて考えることや，「～すべきだ」「～でなければならない」といったような例外を許さない固定的な考え方も，認知の歪みの例として挙げられます。

　これらの認知の歪みは，クライエント本人にしてみれば，そうとしか考えられない確信に近いものなのですが，他人から見れば「そんなことはないんじゃない？」と思えることばかりです。そのため，クライエントが自分の考えを理解してもらおうと，周囲の家族や友人に一生懸命話をするのですが，周囲からは「そう考えるのはよくないよ」「もっとこう考えた方がいいよ」と言われてしまいます。これがクライエントにとって，つらい部分です。なぜならばクライエントは「自分のことをわかってもらえない」という寂しさが募るからです。結果的に周囲の人から孤立して，余計に自分の認知の歪みの中に閉じこもるようになっていきます。

*14 認知の歪み／認知行動療法の基礎となる認知療法を提唱した Beck, A. は，認知に認められる特徴的な誤りとして 12 の認知の歪み（推論の誤り）を挙げている。

① 全か無か思考	② 破局視	③ 肯定的な面の否定や割引	④ 感情的理由づけ
⑤ レッテル貼り	⑥ 拡大視／縮小視	⑦ 心のフィルター	⑧ 読心術
⑨ 過度の一般化	⑩ 個人化	⑪ 命令型思考	⑫ トンネル視　　（Beck, 1995）

② 認知再構成の流れ

　ではこのような認知の歪みに，認知行動療法ではどのようにアプローチするのでしょうか。認知行動療法は，認知の歪みのようなネガティブで後ろ向きな考え方を，ポジティブで前向きな考え方に促していくというイメージをもたれることが多いのですが，そのイメージは適切とはいえません。なぜならば，もしその通りに行われるのであれば，先ほどの例で挙げた，周囲の家族や友人が「そう考えるのはよくないよ」「もっとこう考えた方がいいよ」と言っているのと同じだからです。したがって，セラピストがポジティブで前向きな考え方に促すような働きかけを重視しすぎると，クライエントは「この人にもわかってもらえないのか」と感じ，心を閉ざしてしまうことでしょう。

　そこで，クライエント自身が自分の考え方を「今の考え方ではなくて，どのように考えることができればもう少し気持ちが楽になるだろう」というように，新しい視点を見つけるためのサポートをするのです。しかしそれは，簡単なことではありません。そこで，以下の4つのプロセスをたどっていくことが重要になります。

認知再構成の流れ

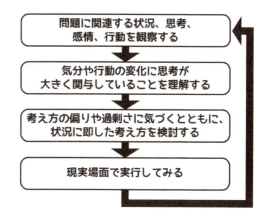

　まず，問題に関連する状況や思考，感情，行動を，セルフモニタリングを通じて整理しなおします。「その考え方は極端ですよ」とクライエントを否定するのではなく「そう考えてしまう時は，どんな状況で，どんな行動をしているときですか」など，記録[*15]を取りながら一緒に整理していくのです。

　すると，クライエント自身が，自分の気分や行動の変化に思考が大きく関与していることを，理解しはじめます。例えば「上司の前に行ったときには，いつも同じことを考えているんですね」「でも，家族や友達と一緒の時は，別の考え方ができているかもしれません」といったように，クライエントの中の小さな多様性に気づけたり，あるいは自分を苦しめている考え方は何かという点について，外在化して観察することができるようになったりします。

　そうすると「ではどう考えたら楽でいられるだろうか」「もっと気楽に過ごせている人は，どんな考え方をしているのだろうか」という問いかけにも，答えられるようになっていくのです。つまり，自分の考え方の偏りや過剰さに気づき，状況に即した考え方を検討するようになっていきます。上図の1つ目と2つ目のプロセスを経て，はじめて別の考え方や別のものの見方をとり戻せたり，気づくことができるので，クライエントの周囲の家族や友人が「こう考えなよ」といっても伝わりにくいのは，この1つ目と2つ目のプロセ

[*15] **思考の記録**／第1部 column の認知再構成法における「思考記録表の記入例」を参照。

スが欠けているからです。

　まず自分の考え方や気分がどうなっているかを整理し，その中で自分を苦しめている考え方がどういうものなのかを見つけ，その上でどう考えたらいいかを考えていきます。そして4つ目のプロセスは，その新しいものの見方，考え方をしたときに，自分の生活・人間関係，自分の気持ちがどのように変化するかを現実場面で体験する体験学習です。そして体験の結果，どのような変化が起こったかを整理するために，1つ目のプロセスに戻ります。

　これをくり返していくことで，クライエントがずっと閉じこもっていた自分の極端な認知の歪みから，少しずつ離れて広がっていくことができるのです。

③ 認知再構成法のポイント整理

　以下に認知再構成法のポイントを整理します。

「ネガティブをポジティブへ」ではなく，思考の柔軟性と多様性の回復をめざす

　「ネガティブな考えをポジティブな考えに変える」という発想をもつ必要はありません。むしろ，クライエントの思考の幅を広げること，クライエントの思考の柔軟性を高めていくことが重要になります。広がった幅の中にはマイナス思考的な内容もあるかもしれませんが，思考が柔軟で多様であれば，マイナス思考でないことも考えられるようになるはずです。このような，思

考の柔軟性と多様性の回復を目指します。

新しい考え方を「教える」のではなく「気づく」ための支援をする

　「新しい考え方を教える」というのは，上記の観点から大きく外れることになります。むしろ思考の柔軟性と多様性を奪うような働きかけになりかねません。クライエント自身が「こう考えればいいのだろうか」「あのようにすればいいのだろうか」と悩みながら，柔軟で多様な考え方を体験的に学べるような促しが重要となります。

仮想現実の世界から脱却し，現実場面での行動と結果の関係性に目を向ける

　クライエントの抱える仮想現実のような現実離れした思考の悪循環から脱し，実際の生活，実際の人間関係，実際の仕事など，クライエントを取り巻く環境に目を向け，その中でうまく過ごしていけるような，適応的な思考を検討することが重要です。そして，検討された新しい思考を現実場面で試し，感情や行動にどのような変化があったのかを整理し，再び適応的な思考を検討していきます。

「新しい考え→新しい体験」「新しい体験→新しい考え」の双方向で攻める

　新しい思考を見つけてから体験的に学ぶこともももちろん大事ですが，それは逆でも構いません。例えば子どもにとって，新しい考え方を探すことは容易ではありません。そこで，子どもが何かうまくできたときや楽しいと思えた体験を拾い上げて，そのときにどんなことが頭に浮かんでいたか，どんなことを考えていたのかを，子どもと共に整理します。すると，その子どもが次に同じような場面に出会った時に，同じように考えることができたら，前のように楽しい体験ができるかもしれません。もちろん子どもだけでなく，大人の場合でも，体験から考えを見つけることはあります。このように，新しい考えをもとに新しい体験をするだけでなく，新しい体験から新しい考え方を見つけていくこともあるのです。

　実は認知再構成法だけを単独でセラピーの中で行うことは少なく，エクスポージャー法と組み合わせることで，体験の中でどのように考えていたのか，

第 2 部　認知行動療法の基本技法を学ぶ

後から見つけていくアプローチもあります。生活の中で意識しないところから考え方は自然と浮かび上がってくるため，クライエントの中で浮かび上がってきた適応的な考え方を，しっかり認知行動療法のセラピストが拾い上げることが重要となるでしょう。

小さな達成感と新しい経験の積み重ねを基礎とした体験学習

　新しい考え方をした時に，実感として「ああ，このように考えると，自分は楽に過ごせるのだな」という小さな達成感になり，小さな成功体験がクライエントの中に積み重なっていくことが大切です。その積み重ねがないと，新しい考え方は定着しません。クライエントが発見した新しいものの見方，考え方を，クライエントの生活場面に還元し，新しい考え方に対するクライエント自身の実感を次の週に報告してもらえる，認知行動療法では，そんな面接の進め方をすべきではないかと思います。

第6章 まとめ

●認知再構成法は「ネガティブで後ろ向きな考え方を，ポジティブで前向きな考え方にする」という単純なものではない。

●現実場面のセルフモニタリングを基に，クライエント自身が，自分の考え方の偏りや過剰さに気づき，状況に即した考え方を検討できるようになることを目指す。

第 7 章

認知行動療法セラピストの役割

　最後に，これまでの話題で登場した認知行動療法セラピストのさまざまな役割について整理する形でお伝えしたいと思います。

① 協力者としての役割

　認知行動療法のセラピストは「クライエントの少し脇にいて，クライエント自身の歩みを進めるための支援をする，パートナーのような役割をする」ということを，これまでお伝えしてきました。このとき，セラピストが一生懸命サポートしようと思えば思うほど，「クライエントが望むことをしてあげるべきではないだろうか」と思ってしまうことがあるかもしれません。そのことはもちろん大切なことではありますが，認知行動療法の体験学習は「クライエントが望むこと」とは限りません。むしろクライエントが「苦手だ」「嫌だ」「怖い」と思うことに，少しずつ挑戦していくセラピーといえます。

　つまり，セラピストがクライエントの尻込みしてしまいがちな態度を，いかに上手に促せるかが大事になります。セラピストは「単なるいい人」で終わるのではなく「怖いけど，やってみよう」「苦手だけど，やってみよう」という，クライエントを後押しするような「よい意味での意地悪」が時には必要になるでしょう。よって，認知行動療法のセラピストには，クライエントが苦手や困難に向き合えるよう促していく役割があるということを，心構えとしてもっておいてほしいと思います。

② モデルとしての役割

　2つ目の役割は，セラピストがクライエントのよきモデルとしてサポートを行っていく，モデルとしての役割です。認知行動療法を行う側の人間にも，どこか凝り固まったものの見方，考え方があるかもしれません。しかし，セラピストとしてクライエントと向き合うときには，セラピスト自身が柔軟で多様な考え方を，クライエントのよきモデルとして実践できるようになって

いただきたいと思います。

　例えば認知行動療法を勉強すると「この技法は，このように実施しなければならない」という，技法やセラピーに対する先入観や固定概念のようなものが生まれがちです。しかし，そもそもセラピーはクライエントのものですから，凝り固まったやり方に執着するのではなく，クライエントに合わせて柔軟に進めていくべきです。このように，セラピストが柔軟で多様な考え方をもち合わせているかによって，認知行動療法の展開はずいぶん変わってきます。また，そのような柔軟なセラピストの姿を見てクライエント自身が「ああそうか，そんなに杓子定規に考える必要はないんだな」と考えることができれば，よりよいことでしょう。このように認知行動療法セラピストは，柔軟で多様な考え方をクライエントに示すことのできる，よきモデルとしての姿勢をもっていただきたいと思います。

③ 強化者としての役割

　クライエントが元気になるためには「よかった」「うれしかった」「楽しかった」という体験が必要です。その体験をするためには，セラピストが褒め上手になることが求められます。このように，認知行動療法セラピストには，クライエントを積極的に褒めていく強化者としての役割が求められます。そのためには，クライエントのうまくいかない生活の中にもよい面があるという前提のもと，よい面をすかさず拾い上げるような目と，それを言葉として表現するセラピストの「褒め上手」としてのスキルも必要になることでしょう。また，ホームワークを提案する時には「来週，この点を褒めてあげられるかな」というようなシミュレーションをしながら，クライエントを褒めてあげられるような課題をうまく選んであげることも，必要かもしれません。

　クライエント自身が本来もっている「生きる力」のようなものは，私たちが想像している以上に大きいものです。しかしその「生きる力」は，不安や感情面の問題で，発揮できていないことがほとんどです。そこで，クライエント自身の「生きる力」を取り戻すためのきっかけをつくることができれば，クライエント自身の「生きる力」が，クライエントの生活を支えるものとして機能していくことでしょう。よって，認知行動療法セラピストは，クライエントを褒めることで，クライエント自身が「生きる力」を活用できるきっかけを作っていくことが求められるのです。

第 7 章　認知行動療法セラピストの役割

　今回，認知行動療法をこれから学ぶ方に向けて，認知行動療法の 4 本柱を主軸にお伝えしました。まずは細々としたところにあまりこだわりすぎずに，今回述べた 4 本柱を念頭に置きながら実践していただければと思います。

＜参考図書＞
・『実践家のための認知行動療法テクニックガイド：行動変容と認知変容のためのキーポイント』坂野雄二監修，鈴木伸一，神村栄一著，北大路書房，2005
・『レベルアップしたい実践家のための事例で学ぶ認知行動療法テクニックガイド』鈴木伸一，神村栄一著，北大路書房，2013
・『うつ病の復職支援』神村栄一，鈴木伸一出演，中島映像教材出版，2011
・『医療心理学の新展開－チーム医療に活かす心理学の最前線』鈴木伸一著，北大路書房，2008
・『うつ病の行動活性化療法：新世代の認知行動療法によるブレイクスルー』C・R・マーテル，M・E・アディス，N・S・ジェイコブソン著，熊野宏昭，鈴木伸一監訳，日本評論社，2011
・『うつ病の集団認知行動療法実践マニュアル－再発予防や復職支援に向けて』鈴木伸一，岡本泰昌，松永美希編，日本評論社，2011

＜参考文献＞
・Butler AC, Chapman JE, Forman EM, Beck AT. The empirical status of cognitive-behavioral therapy: a review of meta-analyses. Clinical Psychological Review. 2006, 26(1), 17-31
・Beltman MW, Voshaar RC, Speckens AE. Cognitive-behavioural therapy for depression in people with a somatic disease: meta-analysis of randomised controlled trials. British Journal of Psychiatry. 2010, 197(1), 11-9.

第 7 章
まとめ

●認知行動療法セラピストには「協力者としての役割」「モデルとしての役割」「強化者としての役割」の 3 つが求められる。

●これから認知行動療法を学ぶ者は，細かい技法にこだわらず，認知行動療法の 4 本柱を念頭に置いた実践活動を行うとよい。

第2部　確認問題

1 以下の A ～ D の文章は，認知行動療法の構成要素を集約したものである。それぞれの内容に最も関連する用語を，語群より選んで答えなさい。

A. 恐怖対象への過敏性を低減し，不安や恐怖，身体的苦痛などの情動反応を鎮静化するための対処法を身につける。

（　　　　　　　　　）

B. ものの受け止め方や，予測，判断，思い込みや信念などの思考・認知過程を改善・修正する。

（　　　　　　　　　）

C. 症状の形成と維持のメカニズムへの自己理解を深める。

（　　　　　　　　　）

D. 習慣化している「逃げる・避ける」の行動様式を改善し，状況に即した適応的な行動を身につける。

（　　　　　　　　　）

【語群】

　ケース・フォーミュレーション，エクスポージャー法
　オペラント学習，認知再構成法

2 次の（1）〜（5）の文章の空欄にあてはまる用語を答えなさい。

（1）自分の考え方や気持ち，生活の中でのさまざまな行動様式などを記録にとって整理することを（　　）という。

（2）気持ちを落ち着かせたり，緊張をときほぐすための一呼吸を置いたりするスキルのことを（　　）スキルという。

（3）面接内容をもとに，次回の面接までに，クライエントに取り組んでもらうことを話し合って提案する具体的な活動のことを（　　）という。

（4）クライエントの自己理解を深めるために，クライエントの悩みや苦しみを客観的に眺められるような状態にすることを（　　）という。

（5）エクスポージャー法の実施にあたり，クライエントの不安や恐怖をその程度によって分類し，整理したものを（　　）表という。

3 次の問いに答えなさい。

（1）形成された不安はどのように維持されてしまうのか，不安の維持について説明しなさい。

（2）認知行動療法が受ける誤解の1つに「ネガティブな思考をやめさせ，ポジティブな思考を求める」というものがある。この認知行動療法に対する理解が誤解であるならば，クライエントの認知の偏りに対する認知行動療法の適切な姿勢とはどのようなものか，論じなさい。

第2部　確認問題／解答

1
A　エクスポージャー法
B　認知再構成法
C　ケース・フォーミュレーション
D　オペラント学習

2
(1)　セルフモニタリング
(2)　情動マネジメント
(3)　ホームワーク
(4)　外在化
(5)　不安階層

3
(1)　(解答例) 生活上の経験を通じて，特定の状況や場面に対して不安になると，その不安が周辺的な状況や場面に広がっていく。不安が広がると，不安刺激に対する過敏性が高まる。結果，些細なことで急激に不安や恐怖が高まりやすくなり，回避行動が起こりやすくなる。そして，回避行動を起こした場面についてより過敏性が高くなり，より回避行動が起こりやすくなってしまい，回避行動が習慣化してしまう。このように不安に対する悪循環が形成され，不安が維持されていく。

(2)　(解答例)「ネガティブな思考をやめさせ，ポジティブな思考を求める」という考え方は，クライエントの現在の思考を否定し，ポジティブな思考を強要していると考えられる。このように認知行動療法では，新しい考え方をセラピストが教えるわけではない。また否定と強要では，クライエントの思考や認知の変容が起こるとは考えにくい。

　　認知行動療法ではまず，セルフモニタリングを通じて，偏った視点や考え方にクライエント自身が気づくことを重視している。自分の考え方の偏りや過剰さに気づくことではじめて，より状況に適した考え方を検討できるようになるからである。また，クライエントの思考の柔軟性を高めていくことも重視している。そのためにも，セラピスト自身がまず柔軟性な思考をもち，クライエントのモデルとして接することが求められる。

　　このように認知行動療法では，特定の思考の押し付けではなく，クライエント自身の気づきを重視し，思考の柔軟性と多様性の回復を目指すという点で「ネガティブな思考をやめさせ，ポジティブな思考を求める」という理解は誤解であるといえる。

第3部

ケース・
フォーミュレーション
入門

第 1 章

内容の概略

　第3部では認知行動療法の中でも，特にケース・フォーミュレーションに焦点を当てて紹介していきます。まず本章で，第3部の内容の概略をお伝えしていきます。

ケース・フォーミュレーション

■問題を発現・維持させている悪循環に関する仮説
- 図式化（定式化）して表す。
- 当事者，関係者，セラピストが納得するもの
- 当事者や関係者への心理教育に用いる
- 介入のための作業仮説となる

　ケース・フォーミュレーションとは，問題を発現・維持させている悪循環に関する仮説のことです。「仮説」とは具体的にどのようなものであるかは，後の章で詳しく説明します。

　ケース・フォーミュレーションは，悪循環に関する仮説を，セラピストが勝手に頭の中で描いて，セラピストが勝手に解釈するものではありません。問題を抱える当事者はもちろん，関係者やセラピストも含めて，皆が納得するものであるべきです。そこで，**図式化・定式化**して表すことが求められます。そして図式化・定式化した仮説に基づいて，当事者や関係者に説明したり（心理教育），介入したりします。しかしあくまでケース・フォーミュレーションは仮説ですから，当事者の問題にうまく適合しなかったり，介入の効果が出なかったりした場合は，柔軟に仮説を変えていきます。仮説の検証を常に伴っていると理解していただけるとよいでしょう。

　ケース・フォーミュレーションを用いる利点をまとめたものが次の図です。

第1章 ✦ 内容の概略

ケース・フォーミュレーションの利点

■セラピストにとって
- 見立て（問題の成り立ち）を整理できる。
- デリケートな話題も当事者や関係者が責められたと感じずに話せる（心理教育）。

■当事者にとって
- 何が起こっているのかわかる（問題の外在化）。
- 自己理解が深まる（心理教育）。
- 納得すればやる気が出る（動機づけ）
- 介入方針を話し合える。

■保護者・医療関係者・教育関係者にとって
- 共通理解のもと，協働して当事者を支援できる（協働関係の形成）。

---

① セラピストにとって

　セラピストは，ケース・フォーミュレーションを作ることで見立て[*1]を整理することができます。また，「問題の原因は誰？」「何が悪かったのか？」といったデリケートな話題についても，当事者や関係者が責められたと感じることなく説明することができます。このように，心理教育を行いやすいという利点があります。詳細はまた後で説明します。

② 当事者にとって

　問題を抱える当事者が，自分の問題を適切に把握しているかというと，必ずしもそうではありません。自分の症状や問題行動の中に巻き込まれてしまい「今，どうなっているのか」「どのようにしたらよいのか」がわからなくなっていることが多いです。そこで「問題がこのようにして起きていると考えられます」と図式化して説明します。このことを「問題を外在化する」と表現します。自分の症状や問題行動に巻き込まれている状態から脱するために，自

---

*1 見立て／日本の臨床心理学で多く用いられる用語の1つ。セラピストがクライエントの抱える問題の成り立ちを理解することを指す。

131

分の症状や問題行動をいったん外に出してみるのです。

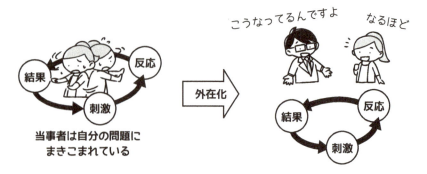

　そうすることで，当事者は，現在何が起こっているのかがわかります。すると，その問題を扱うことができたり，対処できたりするようになります。また，問題の成り立ちや対処を心理教育という形でセラピストが説明することで，当事者の自己理解・問題理解が深まっていきます。

　また，認知行動療法の場合，問題を解決するために当事者自身が現実に立ち向かっていかなければならないので，そのためにも当事者が納得するということが必要です。「よくわからないけれども，とりあえずこれをやっておきなさい」ということでは，多くの場合やる気につながりません。納得することではじめて，現実に立ち向かうためのやる気や，動機づけが生まれます。そのため，ケース・フォーミュレーションに基づいた心理教育により，当事者が問題の成り立ちや介入方針に納得して「わかりました，一緒にやりましょう」という環境を作っていくことが，とても重要となります。

　また，ケース・フォーミュレーションの存在により，当事者とセラピストは介入方針について話し合うことができます。認知行動療法は民主的なものですから，無理矢理介入するわけでもなく，気づかないうちに治療に巻き込んでしまうわけでもありません。十分な説明のもと，お互いの合意の上で進めていきます。ケース・フォーミュレーションはそのための資料となるのです。

③ **保護者・医療関係者・教育関係者にとって**

　心理職の単独の働きには限界があります。現在では，**生物・心理・社会モデル**[*2]に基づき，さまざまな専門家と協働して活動することが常識になってきています。そして，この動きは今後ますます進むことと思われます。つま

りこれからの心理職は単独活動ではなく，チームで活動することが求められているのです。

　このチームでの活動にあたり重要となるのは，問題に関する共通理解です。これがあるからこそ，それぞれの役割を明確化し，協働して当事者の支援ができます。後ほど説明しますが，認知行動療法では，心理学的要素だけでなく，生物学的な要素や社会学的な要素も含みながら，ケース・フォーミュレーションを作ります。そのことにより，関係者の役割分担が可能となるのです。

　これらを前提として，次の章からは認知行動療法におけるケース・フォーミュレーションの詳細を解説していきます。以下は，第2章以降でお伝えする内容です。

---

1. ケース・フォーミュレーションとは何か
2. ケース・フォーミュレーションの要素
3. ケース・フォーミュレーションの種類
4. ケース・フォーミュレーションの作り方
5. 機能分析
6. 認知モデル
7. 維持要因としての役立たない不安対処
8. 問題維持パターンと介入のポイント

　まず第2章で，「ケース・フォーミュレーションとは何か」ということをもう少し詳しく説明します。次に第3章で，ケース・フォーミュレーションを構成する「要素」についてお伝えします。ケース・フォーミュレーションは，さまざまな要素が重なり合って問題が成り立っていることを説明するものであるため，どのような要素に注目すべきかという点を解説します。第4章では，ケース・フォーミュレーションの「種類」をお伝えしていきます。前述した要素が，どのようにつながって問題ができているのか，そのつながり方の種類についてみていきます。

　第5章では，「ケース・フォーミュレーションをどのようにして作るのか」

---

*2 生物・心理・社会モデル／クライエントの問題を，生物学的視点と心理学的視点と社会学的視点から，総合的に，多角的に捉えることを目指すモデルのこと。詳しくは第1部第7章を参照。

第3部　ケース・フォーミュレーション入門

をお伝えします。この部分が，一番皆さんの関心があるところではないかと思います。第6章では，作り方の基本的な枠組みとして行動療法*3系の考え方である「機能分析モデル」を紹介します。第7章では，認知療法*4系の考え方である「認知モデル」を紹介します。

　当事者の悪循環が維持されてしまう背景には「役に立たない不安の対処の仕方」が関わっています。誰でも生じる不安について，対処の仕方を間違えてしまったことが，不安を維持させてしまうことがあるからです。そこで第8章では，維持要因としての「役に立たない不安対処」についてお伝えします。

　最後に第9章では，不安の対処に限らず「問題が維持されてしまうパターン」がいくつか見つかっているので，その点についてお伝えします。このようなパターンを知ることで，どのような問題が起きていて，その問題の背景にはどのような悪循環があるかを見つけやすくなるからです。以上の内容を第3部ではお伝えしていきたいと思います。

第1章 まとめ

●ケース・フォーミュレーションとは，クライエントの問題を発現・維持させている悪循環に関する仮説のこと。

●ケース・フォーミュレーションの形成により，クライエントとクライエントを支援するチームが，問題の成り立ちについて納得し，共通理解のもと問題に向き合うことが可能となる。

---

*3 行動療法／クライエントの問題を，不適切な学習によるものと考え，不適切な学習の修正や消去，あるいは適応行動の学習により，問題を解決していこうとする心理療法。

*4 認知療法／クライエントの問題を，不合理な認知に基づく自動思考と考え，不合理な自動思考の修正，あるいは合理的な思考の獲得により，問題を解決していこうとする心理療法。

第 2 章

ケース・フォーミュレーション とは何か

　第2章は，ケース・フォーミュレーションとは何かという点についてお伝えします。ケース・フォーミュレーションの定義は以下の通りです。

定義　介入の対象となる問題の成り立ちを説明する仮説

解説　アセスメント情報を整理し，再構成することによって，問題が発展し，具体的な問題行動として発現し，さらに問題が維持されているプロセスに関する仮説。

　ケース・フォーミュレーションは，認知行動療法に限らず，さまざまな心理療法において用いられるものです。心理療法を越えて，医療の中で用いられることもあります。それらも含めて，最も共通したケース・フォーミュレーションの定義が「介入の対象となる問題の成り立ちを説明する仮説」ということになります。

　もう少し詳しく説明しましょう。介入の対象となる問題の成り立ちを説明するといっても，クライエントに会っていきなり「君の抱える問題は○○だ」と占い師のように言うようでは，ケース・フォーミュレーションとはいえません。まず大事なことは，アセスメント情報をしっかり収集することです。特に認知行動療法では，多元的なデータを収集することが推奨されます。つまり，クライエントが面接で話すことだけでなく，行動の情報や検査情報もしっかり収集することが求められます。それらアセスメント情報を整理，再構成することによって，どのように問題が発展し，具体的な問題行動として発

現し，さらに問題がどのように維持されてきたか，仮説を立てることが可能となるのです。このようにして作り上げられた仮説こそが，ケース・フォーミュレーションと呼べるものなのです。

次にケース・フォーミュレーションの「役割」について考えます。特に認知行動療法の全体の流れの中で，ケース・フォーミュレーションはどのように位置づけられているのでしょうか。以下に認知行動療法の介入の基本的な手続きをまとめます。

ケース・フォーミュレーションの役割

＜認知行動療法の介入の基本手続き＞

■協働関係　クライエントとの間に協働関係を形成し，維持する。

↓

■心理教育　ケース・フォーミュレーションを活用して問題を理解するようにクライエントの心理教育をする。

↓

■課題（宿題）　クライエントが日常場面で行う宿題を出すことで，認知を変え，行動を変え，悪循環を変えるのを援助する。

認知行動療法の介入の基本的な手続きとして，まず協働関係を作ります。認知行動療法が受ける誤解の1つとして「認知行動療法はクライエントへの共感を大事にしない」「一方的にセラピストが指示を出して，報酬を与えて操作をする」というものがあります。そのようなことはありません。まず大事なことは協働関係*5です。お互いに信頼し，問題解決を一緒に進めていこうという関係性を作ることが大事です。そのための協働関係を形成し，維持します。

次に心理教育です。クライエント自身が自分の問題を理解できるように，

---

*5 協働関係／協働関係の形成に関する詳細は，第1部第4章を参照。

説明を行っていきます。この説明のときに，ケース・フォーミュレーションを活用します。よって，認知行動療法においてケース・フォーミュレーションは，非常に重要な役割を担っています。

そして次に，**課題**です。課題は**宿題，ホームワーク**とも呼ばれます。認知行動療法は，面接の中だけで何か問題を解決することを目指しているわけではありません。クライエントが日常場面で行う課題を出すことで，日常場面の認知を変え，日常場面の行動を変え，日常場面の悪循環を変えていくことを援助します。このとき，ケース・フォーミュレーションがあるからこそ，クライエントの悪循環を正確に把握でき，適切な課題を出すことができます。

このように認知行動療法では，心理教育においても課題の提示においても，ケース・フォーミュレーションが核となっています。

認知行動療法の全体的なプロセスを，もう少し詳しく説明します。

認知行動療法のプロセス

① カウンセリング（協働関係）＋ アセスメント（情報収集）
② ケース・フォーミュレーション（情報の再構成）
　　⇒この後の**作業仮説**へ
③ 心理教育 ⇒（協力して修正）協働関係 ⇒ 動機づけ
④ 効果が実証されている介入法の選択 ⇒ 介入
⑤ 評価⇒作業仮説と介入法の修正
⑥ 再発の予防 ⇒ 終結

---

① カウンセリング（協働関係）＋アセスメント（情報収集）

意外に思うかもしれませんが，認知行動療法を適切に行うためにはカウンセリングの技法をしっかり学ばなければなりません。**共感**や**反射**[*6]，**明確化**[*7]などのカウンセリングの基本技能を用いて信頼関係を構築し，クライエントが「この人ならばお話ししたい」「この人なら，自分のことを伝えたい」と思える関係が成立してはじめて，適切で正しいアセスメント（情報収集）が可

第3部　ケース・フォーミュレーション入門

能となります。また，当事者の主観的な情報も必要ですが，客観的な行動観察の情報や心理検査による情報，場合によっては神経科学的・脳科学的な機能がどうなっているのか，という情報も収集する必要があります。

② ケース・フォーミュレーション（情報の再構成）

アセスメント情報を整理，再構成して，いったいどのような問題，どのような悪循環が起きているのかをまとめた仮説であるケース・フォーミュレーションを形成します。そしてこのケース・フォーミュレーションは，その後の作業仮説になっていきます。

③ 心理教育

次に心理教育を行います。とはいえ，問題のことを一番よくわかっているのはクライエント本人です。よって構築したケース・フォーミュレーションを押しつけるのではなく，クライエントと協力して修正していきます。例えば，形成されたケース・フォーミュレーションをクライエントに伝えて，クライエントから「この部分は違います」や「普段はそうですが，家ならば，別のことを行います」など意見をもらい，修正していくのです。クライエントとの協働関係をより確かなものにしながら，仮説を洗練させていきます。そして，クライエント自身が納得して問題解決に取り組める動機づけを作っていきます。

④ 効果が実証されている介入法の選択

次に，問題解決に向けて効果が実証されている介入法を選択していきます。現在では効果研究の蓄積により「このような問題には，この方法が役に立つ」といったエビデンスのある介入法が提示されているため，それらを優先的に選択します。もちろん，クライエント1人1人によって問題の状況は違うの

---

*6 反射／クライエントが話す内容に表現されている感情表現に援助者が気づき，それを言語化して返すこと。反射は，クライエントの自己理解を援助するものとなる。

*7 明確化／援助者がクライエントの伝えたいことを共感的に理解し，それを明確でわかりやすい形でクライエントに返すこと。不適応に陥っているクライエントはしばしば混乱状態にあるため，話す内容は必ずしも理路整然とはしておらず，言いたいことをうまく表わせず，漠然としていたり，まわりくどかったりすることも多い。このような時に，明確化を行うことでクライエントの自己理解が促進される。

で，エビデンスがあるからといって完全に適合するとは限りません。しかしエビデンスが大きな参考になることは確かです。

⑤ 評価

そして，介入してみてどうだったか，評価をしていきます。作業仮説がうまくいけばそれを続ければよいですし，うまくいかなければ介入方法の修正をしていかなければなりません。ですから，早い時期にくり返しチェックをします。尺度を用いて数量化をしながら，役に立っているのか客観的に検証していきます。

いわゆる心理臨床といわれる領域では「3年間，分析を続けています」と自慢げにおっしゃる方もいますが，それは3年間よくなっていないということでもあります。問題解決をできる限り短期間で，無駄なく行うことが専門職としての課題ではないでしょうか。

⑥ 再発の予防

最後に再発の予防です。すでに作業仮説が明確になっていますから，同じ問題が起きたら，どのように対処すればよいのかわかります。多くの問題の場合，生物学的な素因などの関係で再発しやすい状況はあるのですが，その時もケース・フォーミュレーションに基づき再発しやすい状況をあらかじめ把握していれば，早期対応が可能となり，再発を防ぐことができます。このように，ケース・フォーミュレーションをクライエントが理解することによって，クライエント自身が自分のセラピストになることができるのです。

第2章 まとめ

●クライエントに対する心理教育においても課題の提示においても，ケース・フォーミュレーションが核となっている。

●ケース・フォーミュレーションは固定的なものではなく，クライエントの理解が得られない場合や，介入の効果が見られない場合は柔軟に修正して，内容を洗練させていく。

●ケース・フォーミュレーションをクライエントが理解することにより，クライエント自身が自分のセラピストになることができる。

第 3 章

ケース・フォーミュレーションの要素

　ケース・フォーミュレーションを形成するにあたり，ケース・フォーミュレーションがどのような要素で構成されているかがわかっていなければ，どのような情報を集めればよいのかわからず，ケース・フォーミュレーションを形成することは難しいでしょう。そこで第3章では，ケース・フォーミュレーションがどのような要素で構成されているかについてお伝えしていきます。

　まず認知行動療法の基本構造として，**刺激─反応─結果の図式**というものがあります。以下の図をご覧ください。

認知行動療法の基本構造：刺激─反応図式

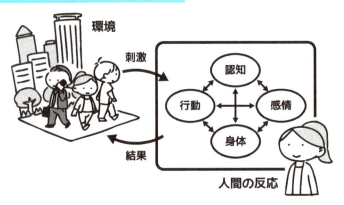

　認知行動療法では，常に環境からどのような刺激を受けているか，その刺激に対してどのような反応をしているのかを把握していきます。反応については，「認知」「感情」「身体」「行動」の4つに分けて理解していきます。これら

4つの要素は，それぞれ影響しあって人間の反応が維持されていると考えられています。人間の反応は結果として環境に戻っていき，その結果，環境も変わって，また新たな刺激が生まれます。

　上図のような刺激―反応―結果の図式は，どの心理療法でも当たり前のように用いられているわけではありません。特にカウンセリングモデルや力動的心理療法[*8]は，無意識や自己概念といった心の内面や，主観的な世界を考える傾向があります。たしかに無意識や自己概念は重要な要素かもしれませんが，そこにどんどん焦点化されていくと，環境からの刺激や環境要因に注目できなくなってしまい，問題の一部しか見ることができなくなってしまいます。また，認知再構成法[*9]だけを学ぶと，すぐに認知を変えていこうという考え方になりがちですし，行動療法[*10]だけを学ぶと，すぐに行動を変えていくことばかりになってしまいがちです。そうではなく，刺激―反応―結果の図式を構成する要素全体を見ることが必要です。現実の日常生活の中で起きていることを要素に分解して，それがどのように成り立っているのかを見ていくのが認知行動療法の基本です。

　ケース・フォーミュレーションの基本要素は，p.140 に示した通り「環境からの刺激」「認知」「感情」「身体」「行動」「反応の結果」です。これら基本要素がどのように組み合わさって，どのように問題となる悪循環が維持されているのかを把握していきます。

　では具体的に，ケース・フォーミュレーションの基本要素を用いて，問題を維持・悪化させる悪循環を把握していく様子をお見せしたいと思います。次の図は，「うつ」を維持・悪化させている悪循環についてまとめたものです。

[*8] カウンセリングモデルや力動的心理療法／カウンセリングモデルや力動的心理療法とは何か，認知行動療法とはどのような点で異なるかは，第1部を参照。

[*9] 認知再構成法／詳細は第1部 column や，第2部第6章を参照。

[*10] 行動療法／レスポンデント条件づけやオペラント条件づけなど，学習理論に基づく介入技法。

"うつ"を維持・悪化させる悪循環

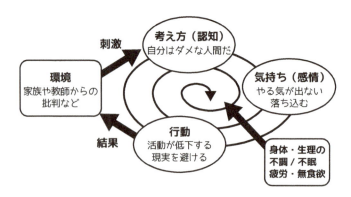

「不適切な考え」「気持ちの落ち込み」「活動の低下・現実回避」が
互いに影響し合い，ぐるぐると悪循環となってうつから抜け出せなくなる。

　例えば，学生が成績について家族や教師から批判を受けると，それが刺激となって「自分はダメな人間だ」という考え方が生まれます。気持ちとしては，やる気が出ません。行動としては，活動が低下します。活動が低下すれば，再び家族や教師から「昔はまじめに勉強していたのに，どうして」と批判され，また悪循環が始まってしまいます。さらにそこに身体・生理の不調が重なり，疲労や食欲不振が続くと，今度は脳のバランスが崩れている可能性も出てきます。そのようなことが重なって悪循環が止まらなくなり，事態はますます深刻になっていきます。
　つまり「不適切な考え」「気持ちの落ち込み」「活動の低下・現実回避」がお互いに影響しあい，悪循環となってうつから抜け出せなくなります。だんだん現実を回避するようになって，閉じこもったりするようになると，自信をどんどん失ってしまいます。
　この状態をもう少し詳しく見ていきましょう。それが下図です。

第3章 ケース・フォーミュレーションの要素

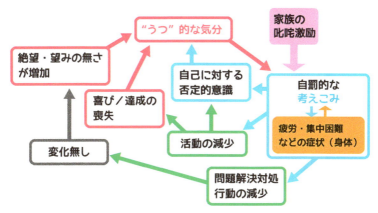

「うつ病」維持のケース・フォーミュレーション

「認知」「行動」「感情」「身体」が複雑に関わり合って"うつ"を維持強化

　上図の赤い部分が「感情」の部分です。緑の部分が「行動」，青の部分が「思考」，黄色の部分が「生理」です。このように分けてみると，ケース・フォーミュレーションの基本要素が複雑に関わり合って，問題を維持・強化している様子がわかるかと思います。

　例えば家族の叱咤激励が，自罰的な考え込み[*11]につながります。考え込みは疲れますし，集中困難になります。集中困難によって同じことをくり返すようになってしまい，また考え込みにつながります。自分に対する否定的意識が強まり，うつ的な気分になります。これにより，再び考え込んでしまいます。結果，自罰的な考え込みと身体的な疲労，自己に対する否定的意識，うつ的な気分が悪循環となってしまいます。

　さらに，考え込んだり，疲労が蓄積したりするために，活動が減少します。特に外出して体を動かす活動が減少します。すると喜びや達成の喪失[*12]が起こります。結果，うつ的な気分になってしまい，こちらの悪循環でもうつが進行してしまいます。

　すると，問題解決や対処行動は減少しますから，環境は何も変化しません。

[*11] 自罰的な考え込み／「ネガティブな反すう」「ルミネーション」とも呼ばれる。うつ病患者に多く見られる症状の１つで，不快な思考を何度も何度も頭の中でくり返してしまう状態を指す。

第3部　ケース・フォーミュレーション入門

環境が変化しないことによる絶望感や望みのなさから，またもやうつ的な気分につながってしまい，ここでも悪循環が生じています。

　では，このようなケース・フォーミュレーションに対して，どのような介入をすればよいのでしょうか。まず「自己に対する否定的意識」を変えるために，認知再構成法がよいのではないかと思います。また，「活動の減少」に対して，できそうな活動から行動活性化*13を行うことで，悪循環が変わっていくことが予想されます。このように，ケース・フォーミュレーションの図を用いることで，クライエントだけでなく，周囲の関係者にも，「クライエントがどのような問題を抱えていて，これからどのような介入が行われ，どのように変化していくのか」を明確に説明することができるのです。

第3章 まとめ

● 認知行動療法の基本構造は，刺激―反応―結果の図式で説明することができる。

● ケース・フォーミュレーションの基本要素は「環境からの刺激」「認知」「感情」「身体」「行動」「反応の結果」である。

● ケース・フォーミュレーションの基本要素が複雑に関わり合うことで，問題が維持され，強化されている。

---

*12 喜びや達成の喪失／「アンヘドニア」とも呼ばれる。どんな行動を取っても楽しいと思うことができず，快楽への欲求と結びつかない状態を指す。

*13 行動活性化／詳細は第1部 column および第4部第2章を参照。

第 4 章

ケース・フォーミュレーションの種類

　第3章で，ケース・フォーミュレーションを構成するさまざまな要素があることをお伝えしました。認知行動療法では，問題は偶然起きているものではなく，第3章で伝えたさまざまな要素がつながって，必然的に起きているもの，と考えています。では，「要素のつながり方」にはどのような種類があるのでしょうか。本章では，「要素のつながり方の種類」に注目していきます。

フォーミュレーションの基本

アセスメントで問題の維持プロセスおよび発展プロセスを探り，それをクライエントに伝えていく最初の作業

　問題が偶然起きているのではなく，さまざまな要素がつながって，必然的に起きていることを示す

■最も単純なフォーミュレーション：2，3の要素のつながりを示し，問題が起きるつながりに気づくように援助する。
- 刺激（環境）⇒反応
- 認知⇔感情⇔生理⇔行動
- 機能分析：刺激⇒反応⇒結果⇒そして問題を維持する悪循環
- 認知モデル：自動思考，先入観，中核的思い込み
- 素因⇒発生要因⇒発展要因⇒悪循環

　例えば，半年前には元気に動き回っていた人が，家から出られなくなってしまい，朝も起きられなくなってしまったとします。本人も治したいと思って

いるのに治らない。何がいけないのでしょうか。昔であれば「神の祟り」などになるでしょう。ここで大切なことは「現在の問題は偶然起きたものではなく，さまざまな要素がつながって，必然的に起きている」という視点です。つまり，家から出られなくなったり，朝起きられなくなったりしてしまったのは偶然ではなく，感情や認知，行動，身体などさまざまな要素がつながって，必然的に起こってしまったと考えるのです。

　では，さまざまな要素のつながりを，どのように考えていけばよいのでしょうか。最初から複雑なつながりを形成することは困難です。そこで，まずは2つ・3つの要素のつながりを示し，問題が起きるつながりにクライエント自身が気づくように援助します。例えば，刺激と反応の関係のみに注目します。例えば，プレゼンを終えた後，落ち込んでしまったとします。しかし，何もなかったのに落ち込んでしまうということはないでしょう。聞いている人の多くが寝ていたり，興味がなさそうだったりして「これは，全然面白くないのだな」と思えば，それが刺激となって，落ち込んでしまうという反応が現れたのです。このような刺激と反応の関係は，最も基本的な要素のつながりといえます。

　要素のつながりには，第3章で詳しく見てきた認知，感情，身体，行動のつながりもあります。また，機能分析[*14]と呼ばれる，刺激，反応，結果，そして問題を維持する悪循環という，つながりの見方もあります。あるいは認知モデル[*15]と呼ばれる，自動思考や先入観，中核的な思い込み，スキーマなどに基づくつながりの見方もあります。さらに大きな視点で捉えると，生まれもった素因があり，問題の発生要因があり，問題の発展要因があり，問題の悪循環が形成される，という要素のつながりもあります。

　このように，要素にはいろいろなつながり方があります。そして，どのようなつながりが形成されているかを探っていくことが，ケース・フォーミュレーション形成の基本となります。では，つながりをどのように探っていけばよいのでしょうか。

[*14] **機能分析**／詳細は第3部第6章および第4部第2章を参照。

[*15] **認知モデル**／詳細は第2部第6章および第3部第7章を参照。

認知行動療法とは

問題維持の悪循環から抜けるために、問題の成り立ちを把握し、それをケース・フォーミュレーションで示し、協働して環境、認知や行動を変えていく

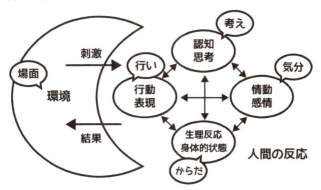

　ここで復習です。認知行動療法は，問題維持の悪循環から抜けるために，問題の成り立ちを把握し，それをケース・フォーミュレーションで示し，クライエントとセラピストあるいは関係者が協働して認知や行動を変えていくということが基本です。よって，要素のつながりを把握するためには，まずどんな場面で，どんな考えで，どんな気分で，どんなからだの反応があり，どんな行いをして，それからどんな結果が起きているのかということを，丁寧に，丁寧に探っていくアセスメントが重要となります。

第3部　ケース・フォーミュレーション入門

具体的に問題をとる

- どのような場面のどのような出来事に対して
- どのように考え，
- どのような気分で
- どのような身体（からだ）の反応があり
- どのように行動して，
- その結果，どのようなことが起きたのか
- そして，それが問題維持にどのように影響しているのか

(山上, 2010)

　アセスメントを行う上で重要なことが，**問題を具体的にとる**ということです。カウンセリングモデルや力動的心理療法の視点は，心の中の状態に注目するため，抽象的になりやすいです。例えば「人生に疲れた」とクライエントが語ったとします。しかし「人生に疲れた」という抽象的な表現では，クライエントがどのような状態なのか，具体的にはわかっていません。体が凝って疲れているのか，食欲がなくて体力がないのか，気分の落ち込みで疲れているのか，人によってそれぞれ「人生の疲れ」は，異なることでしょう。

　ですから「具体的に問題をとる」とは，どのような場面の，どのような出来事に対して，どのように考え，どのような気分で，どのような体の反応があり，どのように行動して，その結果どのようなことが起きたのか，それらの要素を丁寧に把握していくことです。このことができてはじめて，要素のつながりが見えてきます。これに関しては，行動療法の日本の第一人者である山上敏子先生の『山上敏子の行動療法講義 with 東大・下山研究室（金剛出版）』に詳しく書いてありますので，ぜひお読みいただければと思います。

　具体的に問題をとることをないがしろにすると，抽象的な理解しか得られず，何もつながりが見えません。空気と空気をつなぎ合わせるようなもので，ぼんやりするだけです。よって，具体的に問題をとりながら各要素を把握し，つないでいくのです。この点については，以下の2種類の原理があります。

148

具体的であれば
つなぎあわせられる

抽象的では
つなぎあわせられない

各要素をつなぐ2種類の原理

■行動療法系
　⇒機能分析
■認知療法系
　⇒認知モデル（⇒スキーマ分析）

　この2種類の原理は，**認知行動療法の成立過程**[*16]とも関わっています。1つは行動療法系の機能分析の枠組みで，もう1つは認知療法系の認知モデルでスキーマ分析というものにつながる枠組みです。機能分析は第6章で，認知モデルは第7章でそれぞれ説明しますので，まずはこの2種類があるということを理解してください。また，自分でケース・フォーミュレーションを作るときや，他の援助者が形成したケース・フォーミュレーションを見る時も，主にどちらを使っているのか考えられるようになるとよいでしょう。
　さらに，各要素をつなぐ視点として，「**維持**」と「**発展**」という2つの次元があることも知っておくことも重要です。「維持」の次元は**ミクロな次元**，

[*16] **認知行動療法の成立過程**／1950年半ばに，学習理論と客観的に観察可能な行動に注目する行動主義が「意識なき心理学」と批判され，人間の言語や記憶・思考そして意識といった認知作用を再重視する動向が心理学内に台頭した。特に，認知を変容させることで行動を修正したり，心理的問題を解消したりする認知療法に注目が集まった。その後，認知療法と行動療法との統合が進み，認知行動療法と呼ばれるようになった。

第3部　ケース・フォーミュレーション入門

「発展」の次元は**マクロな次元**ということもできます。

つながりの2つの次元：問題の「維持」と「発展」

■**現在の問題行動を維持する悪循環（ミクロ）**
 ▪ 刺激⇒反応⇒結果
■**問題の全体：素因⇒発生要因⇒発展要因（マクロ）**
 ▪ 素因：遺伝，体質（＊発達障害），家族関係（＊虐待），世代間伝達
 ▪ 発生要因：失敗，病気，勉学のつまづき，いじめ…
 ▪ 発展要因：周囲の無理解，不適切な介入（専門家によるものも含む）

アセスメントは個別問題行動（ミクロ）から問題の全体（マクロ）へ

　ミクロな次元とは，現在の問題を維持する悪循環，現在起きている悪循環を考えることです。例えば，プレゼン場面で聴衆の多くが寝ている**（刺激）**と，がっかりして**（反応）**，今後プレゼンで発表することに躊躇するようになります**（結果）**。このような，現在起きている刺激と反応と結果の関係です。これまで紹介してきた例は，主にミクロな次元の話題です。

　マクロな次元とは，問題の発展を考えることです。例えば先ほどのプレゼン場面の例でいえば，突然今回のような出来事が起こったのでしょうか。現在だけに注目せず，もう少し視点を大きく捉えると，生まれつきの性格で人前で話すことが苦手であったり，過去の発表でもがっかりしたことがあったりして，「今回もまたか」という状態かもしれません。このようなマクロな次元に注目すると，**素因→発生要因→発展要因**に分けて理解することができます。

　物心ついた時にはその人が背負っている要因である**素因**には，遺伝の問題，体質の問題などがあります。素因というものは，物心ついた段階でもう背負わなければならないものですから，自分で何とかしようとしても，すでにそうなっていたものだと考えるべきです。発達障害は，現代においてしっかり考えなければならない素因の問題でしょう。家庭環境も同様で，小さい頃に虐待を受けていたということも，背負わなければならない素因です。産まれ

た時に両親の仲が悪いことや，世代間伝達で親がずっとアルコール中毒であることなども，素因として背負っていかなければなりません。

次に発生要因です。何かの失敗や病気，勉学のつまずき，あるいはいじめなどで問題が起きてきます。ただ素因があり，発生要因が起こったとしても，そこで，本人や周りが適切に対処することができていれば問題ありません。問題を上手に対処するスキルを学び，成長していきます。多少の失敗でも，多くの人はそれで成長していくのです。

しかし，それがうまくいかない，さらに悪い影響を与える出来事が生じると，それが発展要因となって問題が悪化していきます。発展要因としては，周囲の無理解や，不適切な介入などが挙げられます。この不適切な介入には，残念ながら専門家によるものも含まれます。何年も我慢させられた，強い薬を飲まされたなどが挙げられます。特に発達障害は，不適切な診断や告知が未だに行われています。以前はもっとひどかったことでしょう。そのようなことがあるため，発展要因として専門家も大いに関わっている可能性があることは，誰もが自覚しておくべきです。

「マクロな次元で要素をつなげる」ことをより具体的に理解するために，例として発達障害のマクロなケース・フォーミュレーションを見てみましょう。

発達障害の問題発展のマクロな悪循環

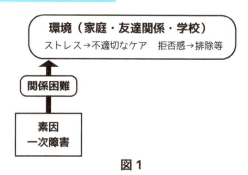

図1

発達障害の場合，まず素因として，他者と関係性を構築することが困難であるという一次障害があります。すると，家族にとってはストレスになり不適切なケアになる恐れがあります。また，子どもを受け入れられず拒否感が

強い場合，虐待につながる恐れもあります（**図1**）。すると，そのような不適切なケアや虐待が発生要因となって，自己評価の低さや不適応感といった問題が発生します（**図2**）。

発達障害の問題発展のマクロな悪循環

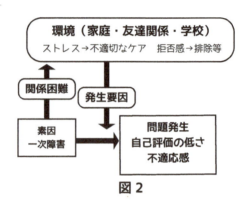

図2

　さらに，ひきこもったり攻撃的になったりすると，周囲が対応困難になり，友人や学校関係者が拒否感を示すようになり，無視されたりいじめが起きたりします。するとそれが発展要因となり，二次障害が起きます（**図3**）。

発達障害の問題発展のマクロな悪循環

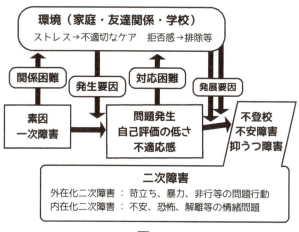

図3

　周囲の無視やいじめ，大人の不適切な対応などが発展要因となり，外在的な二次障害や内在的な二次障害，そして不登校や不安症，うつ病などが起きてきて，専門家の元を訪れるというような経過があります。
　このように，さまざまな要素が時間経過の中でつながりあって，悪循環を作っていることがわかったでしょうか。これがマクロな次元のケース・フォーミュレーションです。

　精神分析では，現在の問題は過去の育て方や外傷体験が背景にあると考えているため，現在の悪循環（ミクロな次元）と問題発展の経過（マクロな次元）を混同してしまいがちです。認知行動療法では，ミクロな次元とマクロな次元は，明確に区別して考えなければなりません。マクロな次元でケース・フォーミュレーションを形成する，把握すべきことを以下にまとめました。

第3部 ケース・フォーミュレーション入門

問題の発展過程を把握する

■問題が発展する素因(生物的脆弱性,不安定な愛着,家庭環境 etc)
■重要な初期経験が与えた影響
■関連する問題が最初に発生した要因
■問題の発生と発展の区別
■問題が発展して現在に至った要因

アセスメントにおいて上記の情報をしっかり丁寧に集めることで,マクロな次元,つまり問題が発展してきた過程を適切に把握することができます。もう少し具体化して,発達障害で考えると,以下のような点を把握する必要があります。

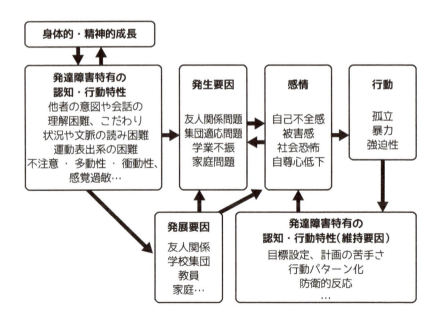

発達障害について，現在の問題のみに注目すると，感情や行動など発達障害特有のパターンのみ目が向いてしまったり，うつや強迫症などの二次障害に目が向けられたりしがちです。しかしそれらは結果として起きていることであって，実際にはさまざまな要素が関わって成立しています。そのことを前提にケース・フォーミュレーションを形成することで，より適切に問題状況を把握し，より適切な支援が可能となることでしょう。

第4章 まとめ

● 「要素のつながり方」には，さまざまな種類がある。

● 最初から複雑なつながりを形成することは困難であるため，まずは2つ・3つの要素のつながりを示していく。

● 現在の問題の悪循環（ミクロな次元）と問題の発展過程（マクロな次元）を区別することが必要である。

第 5 章

ケース・フォーミュレーション の作り方

　第5章では，ケース・フォーミュレーションの作り方についてお伝えします。ケース・フォーミュレーションは，目安として2回のセッションをアセスメントに費やします。流れとしては，以下のようになります。

ケース・フォーミュレーションの作成

■目安として2回のセッションをアセスメントに費やす

1回目	必要な情報をできる限り得る
次の面接までに	フォーミュレーションを試みる
2回目	アセスメントで抜け落ちていた点を聞く クライエントと議論してフォーミュレーションを行う

- 役立つテンプレートとしての定型を活用する
- ホワイトボードや紙に図解する
- クライエントにフォーミュレーションのプロセスに関わってもらう

セッション1回目

　1回目は必要な情報をできる限り得ることになります。現在では，ネットにアセスメント用の尺度を準備しておいて「セッションにいらっしゃる前に，インターネット上で質問に答えておいてください」と伝えておき，時間を無駄にしない工夫もあります。そうすることで，クライエントが来た時にはすでにある程度の情報が集まっているため，必要情報をより無駄なく集める

ことが可能となります。

　そして次の面接までに，現時点で集まった情報をもとにケース・フォーミュレーションの形成を試み，仮説をまず作ってみます。

セッション2回目

　2回目は，1回目のアセスメントで抜け落ちていた点を聞いていきます。また，形成したケース・フォーミュレーションを説明し「このように考えるのですが，いかがでしょうか」と意見を聞きながら，クライエントと議論してケース・フォーミュレーションを洗練させていきます。これが大まかなケース・フォーミュレーション作成の流れです。

ケース・フォーミュレーション作成のポイント

　ケース・フォーミュレーション作成のポイントをいくつか紹介します。まず，クライエントの抱える問題ごとにテンプレートとなるフォーミュレーションがあるため，そのような定型を活用したり参考にしたりする点です。ただし同じような問題であっても，クライエント個々に状況は異なるため，完全に当てはめることはできないので，注意が必要です。

　また，ホワイトボードなどを活用するのも1つのポイントです。ホワイトボードに書いたり修正したりしながら「このようにつながっていませんか？」「ここは，こうなっています」「この部分は違います」というやりとりを，クライエントとともに行うのです。ただし，ホワイトボードが苦手な方の場合は，ホワイトボードを使わずに紙に書いたり，絵を一緒に書いたりすることもあります。

　もう1つのポイントとして，クライエントにケース・フォーミュレーション形成のプロセスに関わってもらうという点が挙げられます。自分の問題について一番知っているのはクライエント本人です。基本的に援助者は無知の状態なので，「クライエントに教えていただく」という姿勢が重要です。

ケース・フォーミュレーションの内容

　第4章で，現在の悪循環の維持のプロセスであるミクロな次元と，問題が発展してきたマクロな次元があることを述べました。ケース・フォーミュレーションを作成する際には，まず現在の悪循環の維持プロセスであるミクロな

第3部　ケース・フォーミュレーション入門

次元を探っていきましょう。

まずは現在の維持プロセスに焦点を当てる

なぜなら多くの場合…
- 最初の原因が消えても問題は維持されている
- 明確なエビデンスが得やすい
- 変化させるのが容易

なぜなら多くの場合，問題発生の元になった原因が消えても，問題が維持されているからです。さらにいえば，最初の原因というのはわからないものなのです。例えばクライエントが「お母さんがひどい人だった」と言い，しかしお母さんは「一生懸命やりました」と言う。お父さんも「妻はよくやっていました」と言う。しかしクライエントは「見えない所でお母さんはひどかったんです」という話になる。結局，最初の原因を突き止めようとしても，過去については明確な根拠が得られないのです。

しかし，現在起きている問題は，問題が維持されて目の前で起きていますから，適切で正しい情報がわかります。具体的に話を聞くことで，明確なエビデンスが得られます。

さらに，現在であれば変化させることが容易です。過去について，記憶を変えることはできるかもしれませんが，事実を変えることはできません。そもそも過去の記憶があやふやであることも多いです。

以上の理由から，基本的に現在の悪循環であるミクロな次元に焦点を当ててケース・フォーミュレーションを形成していきます。しかし，次のような場合はマクロな次元である問題の発展史も重要になります。

- クライエントが問題の成り立ちの理解を求めている
- 問題の核心が過去の出来事と不可分
- 問題の成り立ちの構造が複雑になっている
- 再発予防のために知っておく

第5章 ✦ ケース・フォーミュレーションの作り方

　例えば，クライエントが問題の成り立ちの理解を求めている場合，問題の核心が過去の出来事と不可分の場合，問題の成り立ちの構造が複雑になっている場合などが挙げられます。とくに日本では，問題の成り立ちの構造が複雑になっている場合が多いです。強迫症に対する認知行動療法プログラムについて，海外であれば子どもであってもエクスポージャーをやればいいとなりますが，日本の場合はそれだけでは難しいです。複雑に家族の問題と本人の問題などが絡み合っているため，強迫観念だけをエクスポージャーしても，家族と協力して環境を変えていかなければ難しいのが日本の現状です。多くの場合は問題の成り立ちの構造が複雑で，家族の問題と重なっていて，核心が見えなくなっていることが多いので，やはり過去のことは聞いていかざるを得ないことが多いです。また，再発予防のために知っておくという場合も，マクロな次元の理解が必要となります。

ケース・フォーミュレーションの形態
　ケース・フォーミュレーションの形態としては，以下の通りになります。

ケース・フォーミュレーションの形態

■ミニ・フォーミュレーション
つながりへの気づき⇒問題が偶然起きているのではなくて，さまざまなつながりによって必然的に起きているということを理解する。

■ミクロのケース・フォーミュレーション
現在起こっている悪循環の1つを明らかにする
　▪ 機能分析
　▪ 認知モデル

■マクロのケース・フォーミュレーション
　▪ 機能分析⇒問題維持のシステムのフォーミュレーション
　　→当事者を取り囲むシステム（家族・学校など）の問題を含む
　▪ 認知モデル⇒問題発展のマクロのフォーミュレーション
　　→問題の成り立ちと維持を盛り込み，悪循環を明らかにする

159

第3部　ケース・フォーミュレーション入門

　まずは**ミニ・フォーミュレーション**です。クライエント自身が，要素間の
つながりに気づき，問題は偶然起きているのではなく，さまざまな要素のつ
ながりによって必然的に起きているということを理解します。

　次は**ミクロのケース・フォーミュレーション**です。これは現在起こってい
る悪循環の１つを明らかにします。これは機能分析や認知モデルに基づくも
ので，後の章で詳しく紹介します。

　現在起きているミクロな悪循環を変えるだけでは不十分で，悪循環を維持
してしまう家族システムや学校システムが存在してしまっている場合は，**マ
クロのケース・フォーミュレーション**を形成します。当事者を取り囲む家族
や学校の問題を，どのように変えていくか検討する必要があります。また，
認知モデルに基づき，時間軸を追いながら発達過程における悪循環の成り立
ちと維持のプロセスを明らかにしていくことも行います。この点も，後の章
で詳しく紹介します。

ケース・フォーミュレーション形成の具体例

　では，ケース・フォーミュレーション形成の具体例をいくつか紹介してい
きましょう。まずミニ・フォーミュレーションからです。

【感じたこと：感情】
つまらない / 寂しい

図1

　例えば，子どもが「つまらない」「寂しい」と感じていたとします（**図1**）。
そこでただ「寂しいのですね」と共感して終わりではなく，どのような時に
寂しいと感じるのか詳しく聞いてみます。すると，休み時間と答えたとしま
す（**図2**）。

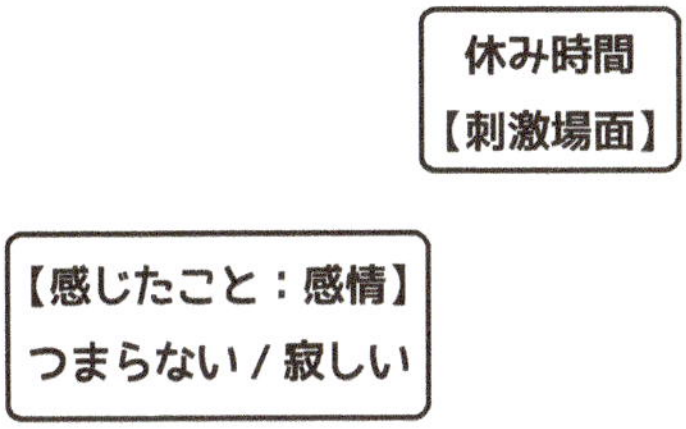

```
     ┌──────────┐
     │ 休み時間  │
     │【刺激場面】│
     └──────────┘

┌──────────────┐
│【感じたこと：感情】│
│ つまらない / 寂しい │
└──────────────┘

図 2
```

　「休み時間はみんな勝手に過ごしていいから，私は大好きな本を読もう」となっていたならば，「つまらない」「寂しい」と感じることはないでしょう。休み時間は自分の好きなことができる時間なのに，なぜ「つまらない」「寂しい」と感じてしまうのでしょうか。そこで，休み時間にどんなことを考えてしまうのか，尋ねます。すると「誰も私のことなど気にしない」と言ったとします（**図3**）。

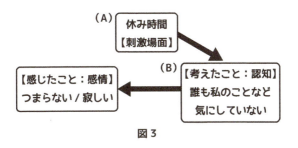

図 3

　休み時間でみんなと仲よくしたいのに，独りぼっちで，しかも誰も自分のことを気にかけてくれないと考えたら，たしかに寂しいですよね。このように，「休み時間」という**刺激場面**で「誰も私のことを気にしていない」という**認知**があるから「つまらない」「寂しい」という**感情**が生まれる，という要素のつながりが見えるのです。このような要素間のつながりに気づくことが，ミニ・フォーミュレーションの目的です。

　では次に，引き金となる出来事を見つけ出し，それに伴う考えや気持ち・行動を明らかにするために，ミクロなフォーミュレーションの作成を考えてみましょう。先ほどの例を継続したいと思います。休み時間にひとりで席についていた時に，何を考えていたのかを尋ねると「無視されている」と答えてくれたとします（**図4**）。

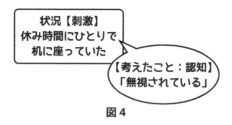

図4

そして、どのように考えていたのかを尋ねます。すると、「悔しいけど諦めの気持ちもある」と答えてくれました。また、体の反応はないか尋ねると「貧乏ゆすりをしている」と答えてくれました（**図5**）。

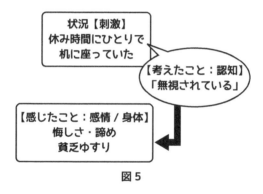

図5

休み時間にどのように過ごしているのかを尋ねると「いらいらして携帯電話をいじっている」と答えてくれました（**図6**）。

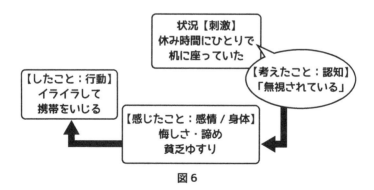

図6

この状況に対して、周りの人は「どうやらイライラしているようだ」と避けてしまうようです。そのため、1人で座っていなければならないという状況に陥っています（図7）。

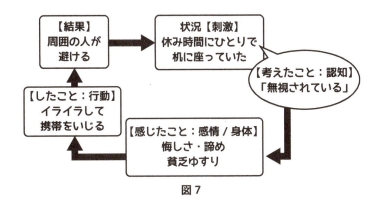

図7

これで、現在起きている悪循環が明らかになりました。悪循環がわかれば、例えば考え方を変えてみたり、携帯をいじらないで少し声をかけてみたりといった対応が可能になります。このようにして、今起きていることをしっかり確認していくことで、問題が見えてきます。援助のために必要な情報が入ってくるのです。

第5章
まとめ

● ケース・フォーミュレーションの形成にあたり、目安として2回のセッションをアセスメントに費やす。
● 基本的にミクロな次元に焦点を当ててケース・フォーミュレーションを形成するが、問題が複雑な場合はマクロな次元も扱う。

第 6 章

機能分析

　第6章では**機能分析**について説明します。機能分析とはどのようなものか紹介するために，1つの事例を紹介します。

〔事例〕

　母親は完璧主義で，会社中心の父親に失望し，娘のAに期待し，勉学を強制します。Aは小学4年生頃より母親に反発するようになります。5年生になった頃から手洗いの洗浄強迫が生じはじめ，小学6年生になりクラスで盗難が連続してあり，たまたまAがその場に居合わせたことが多かったため，担任も含めてクラスの多くの者がAを疑いました。

　それとともに強迫症状が悪化し，「学校に関連あるものは汚染されている」といい，帰宅後に1時間以上かけて手洗いをします。また「家の中でも学校関連のものに触ってはいけない」とのルールを作り，渡されたプリントも家族に渡さずにため込み，学校で使ったものと学校以外のものを分けて洗濯に出します。かばんなどの学校関係のものが特定の場所以外に触れた場合には消毒液で強迫的に洗浄し，家族にもそれを強制します。父親は「かわいそうに」と言ってAの言いなりです。それに対して母親は，強迫行為を自分への反抗と考え，強迫行為を非難し，制止させようとしました。

　Aは宿題をすることはなく，課題となっている提出物も出さないことが続き，その結果，学校の担任との関係はさらに険悪なものとなりました。また，学校からの連絡の書類は汚いと言って親にも触らせなかったので，母親は学校の行事や連絡事項を見落とし，しばしば担任の教員から母親に対して問い合わせや催促の電話がかかってくるようになり，母親のストレスはたまる一方でした。このような状況の中で，もともとしっくりしていなかった両親の間の意見対立が激しくなり，その結果，父親は抑うつ状態となり入院。Aは孤立感を強めていきました。

第 6 章 ✦ 機能分析

　このような事例はよくあるケースです。強迫症は行動化が激しいことが多いので，周りを巻き込みやすいです。そのため，もともと脆弱であった家族関係が，強迫症の行動化に巻き込まれていくことはよくあります。
　この事例をどのようにケース・フォーミュレーションしていくかを，**機能分析**の枠組みで考えていきましょう。機能分析というのは，以下のように，刺激場面，認知・感情・身体・行動，結果，と分類して，刺激―反応―結果の図式を理解していくこと[*17]です。

機能分析

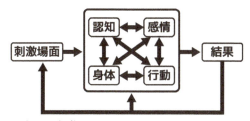

①問題を引き起こす刺激
②刺激に対する反応、つまり刺激によって引き起こされる不適切な行動
③その反応の結果起きる事柄によって問題が維持されている
④不適切な行動は、刺激と結果から切り離して理解できない

　まず問題を引き起こす刺激があり，刺激に対する反応として認知・感情・身体・行動があります。これらの中は，刺激によって引き起こされる不適切な反応も含みます。その反応の結果として起きる事柄によって，問題が維持されています。それは上図の下の矢印の部分が相当します。つまり，結果が

[*17] **刺激―反応―結果の図式**／主にオペラント学習の理論が軸となっている。オペラント学習に関する詳細は第 2 部第 5 章を参照。

165

強化因子となって刺激や反応を維持させてしまっているのです。よって，不適切な反応は刺激と結果から切り離して理解することはできません。

機能分析に基づく強迫症[*18]の維持メカニズムは，すでにテンプレートができ上がっています。それは以下のようになります。

強迫症の基本メカニズム（テンプレート）

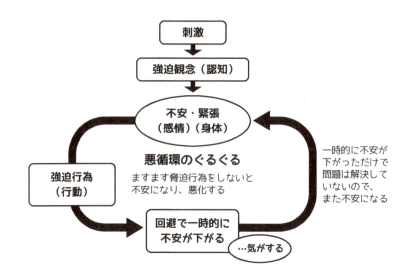

まず刺激があって，**強迫観念**が出てきます。そして不安（感情）や緊張（身体）が出てきます。すると行動として**強迫行為**をします。強迫行為をすることによって，不安や緊張から一時的に逃れることができます。しかしそのようなことをしても，不安や緊張を本当の意味で克服したとはいえません。不安や緊張から逃げているに過ぎないのです。一次的に不安は下がりますが，本当には克服していないので，再び不安や緊張が生じてしまいます。すると，

[*18] 強迫症（OCD：Obsessive Compulsive Disorder）／強迫観念と強迫行為の2つの症状からなる病態のことである。強迫観念とは，自分自身ではそれが無意味であり，考える必要がないとわかっているものの，ある考えが反復して出現し，考えないようにと努力しても，努力すればするほど心に強く迫り，考えることを止められないことを指す（例：自分の手は非常に汚い）。強迫行為とは，強迫観念による苦痛や不安を予防したり緩和したりするために，明らかに過剰に反復的に行われる行為のことである（例：自分の手は非常に汚いから，何度も洗わないと気がすまない）。

再び強迫行為をしてしまう…という形で，悪循環がくり返されてしまうのです。一次的にでも不安や緊張から逃れてほっとしてしまうので，強迫行為を続けてしまうのです。

先ほどの事例におけるAさんの強迫症のフォーミュレーションをテンプレートに乗せると以下のようになります。

強迫症の基本メカニズム（OCD）

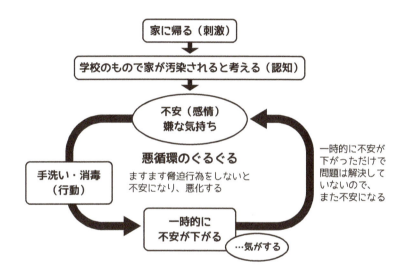

このような悪循環がくり返されていた場合，積み上がっていくと，家族環境にも影響を与えます。学校にも影響を与えることもあります。そして次のような問題維持の社会的システムが形成されてしまいます。

悪循環を支える社会システム

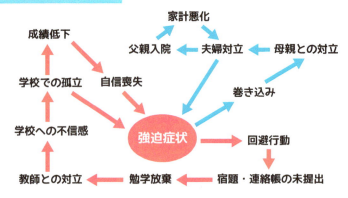

　例えば青い矢印に注目してください。Ａさんは強迫症状により，家族にも手洗いを強制するなど，周囲を巻き込む行動が現れます。お母さんは強制されることに反発し，対立が生まれます。すると，もともとうまくいっていなかった夫婦の対立もさらに激しくなります。お父さんが入院してしまえば家計は悪化し，ますます夫婦は対立します。その結果Ａさんはまた責められたり，家族が不安定になったりして，また不安な状態に追い込まれます。これが悪循環を支える家族システムが形成されてしまった例です。

　次に赤い矢印に注目してください。Ａさんは強迫観念から逃れるためにさまざまな回避行動をとるようになります。結果，宿題や連絡帳の未提出，そして勉学放棄がはじまり，教師との対立が生まれます。教師はＡさんが盗難をしたのではと疑ったこともあり，もともとうまくいっていません。そこから学校への不信感，学校での孤立につながっていきます。そして成績が下がり，自信を失っていきます。そうするとまた強迫症状が強くなってしまいます。これが悪循環を支える学校システムが形成されてしまった例です。

　このＡさんのように家族システムや学校システムが形成されてしまった状態で，Ａさんの強迫症状だけ変えようとしても意味がありません。周りから対応していくことが必要になります。学校に関しては，Ａさん本人の了解を得た上で，学校の先生に連絡をとり，コンサルテーション[19]という形で対応

---

[19] コンサルテーション／心理的問題を抱えたクライエントに対して，心理職ではない援助者でも効果的に援助できるよう，その援助者を援助する活動。コミュニティ心理学における活動の基本となる。

します。ここは**コミュニティ心理学**[20]的な対応が必要になる場面です。夫婦に関しては家族療法をしっかり行い「今Ａさんにこのようなことが起こっています。夫婦が対立していると，子どもさんの問題はこのようにさらに悪化してしまいます」と説明します。「子どもを責めることも，子どもに従うことも少し待ってください。我々の方針と一緒に進めていきましょう」というように，全体のシステムを変えていかなければなりません。

　今回のＡさんのようなケースは，マクロな次元で問題の発展プロセスをしっかり見ていく必要があります。強迫症状だけに注目して下手な介入をすると，お父さんやお母さんの手下になって，Ａさんのコントロールを行うだけになってしまい，問題を維持している家族システムや学校システムを変えることができないため，問題をかえってこじらせてしまうことがあるでしょう。

> **第6章
> まとめ**
>
> ●機能分析とは，刺激場面，認知・感情・身体・行動，結果，と分類して，刺激─反応─結果の図式を理解していくこと。
>
> ●不適切な反応は，刺激と結果から切り離して理解することはできない。場合によってはマクロな次元での理解が必要。

---

[20] コミュニティ心理学／地域社会（学校・職場・家庭など）に働きかけて，心理的問題の予防や安全を測るための活動および理論のこと。

第 7 章

認知モデル

　第7章では**認知モデル**についてお伝えします。認知モデルとはどのような
ものか紹介するために，ここでも1つの事例を紹介します。

〔事例〕

　Bさん（高校2年生，16歳，女性）

家族構成：お母さん45歳，お姉さん17歳（高校3年生）

<素因>　知的に高くしっかり者。完全癖。3歳時に父親が交通事故で亡く
なった。物心つく頃には，しっかり者として家族から，家族の希望として
期待されて育ちました。

<発生要因>　小学校5年のときクラス委員長になったものの，それがスト
レスとなりました。嫌いな子，授業中騒ぐ子が触ったものが汚いと思って，
入浴後は学校の物に触れないことがありました。

<発展要因>　家族も学校の先生も「Bさんはしっかりしているから大丈夫」
と対処しませんでした。家族からすると「あの子が駄目だったら家族は困
る」というのも当然あったのでしょう。

　小学校高学年時に太っているとからかわれたこともあり，中学2年時に
夏休み前からダイエットをはじめて20キロぐらいやせました。また，何度
も体重を測ったり，体重計の上に1時間ぐらい乗ったりするなどの症状が
ありました。

　中学3年のときに児童精神科クリニックを受診しました。そして，フル
ボキサミンの投薬を受けました。その後，体重計に乗る回数や時間は減り
ました。しかし，ぼーっとして集中できなくなり，成績が下がりました。
これは彼女にとってはあまりいいことではありませんでした。10月ごろか
ら服を着るときや手を洗うときに，嫌な人の名前が思い浮かびはじめると
自分も嫌われると考え，吐き気や不快感が強くなり，はじめからやり直し
たり，別の人の名前を思い浮かべたりする等の症状が出現しました。入浴

170

も1時間半かかるという症状になって，来談となりました。

第6章の事例もこの事例も，いずれも仮想事例として典型的なものです。いくつかの要素を組み合わせて作成したものです。

さて，このBさんの事例をどのようにケース・フォーミュレーションしていくかを，認知モデルの枠組みで考えていきましょう。

認知療法のABCモデル

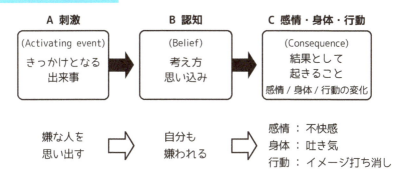

上図は認知モデルの核となる，認知療法の **ABCモデル** です。Aはきっかけとなる出来事（Activating event），Bは思い込み（Belief），Cは結果（Consequence）として起きる感情反応や身体反応，行動の変化です[*21]。

今回の事例でいえば，きっかけとなる出来事（A）は「嫌な人を思い出す」ということです。その刺激に対して「自分も嫌われる」と思い込んで（B），感情的には不快感，身体的には吐き気，行動はイメージの打ち消しという強

迫行為が起きていた（C）ことになります。このように認知モデルを用いてミクロな次元でケース・フォーミュレーションを行うことができます。

ここで思い込み（B）を変えることができれば、結果（C）も変化することが予想されますが、思い込みを変えようとしても、なかなか変わりません。そこで認知モデルでは、マクロな次元として認知の偏りの構造に注目します。

認知モデル：認知の偏りの構造

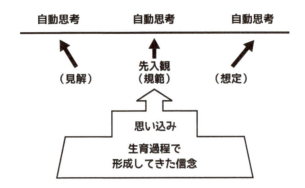

思い込みの背景には、生育過程でずっと形成されてきた信念がベースにあります。それが「人間はこうすべきだ」「Xという行動をしたら、Yが起こるだろう」というような個人個人の先入観になっています。すると、刺激に対して自動思考[22]が起こってしまい、ワンパターンの考え方しかできなくなってしまうのです。

ではこのような自動思考は、どのようなプロセスを経て作られてしまうのでしょうか。マクロな次元をまとめたものが次の図です。

---

[21] ABCモデルの補足／ABCモデルでは、同じ出来事（A）であっても、どのような思い込み（B）をしたかによって、結果（C）が異なることを想定している。つまり、認知が変われば、結果として感情・身体・行動が変わると考えられている。そのため認知療法的アプローチでは、クライエント自身で合理的な認知ができるよう、援助が行われる。

[22] 自動思考／認知モデルでは、個人個人がもつ「考え方のクセ」を自動思考と呼ぶ。

第 7 章 ◆ 認知モデル

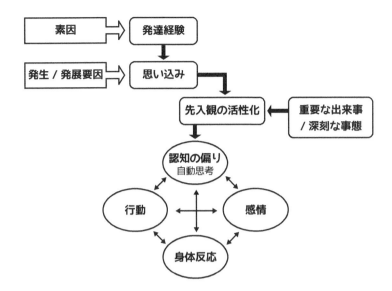

　まず素因として，発達経験があります。とくに発達障害であれば，もともとこだわりが強かったり，認知の柔軟性がなかったりしますから，発達経験がかなり影響します。次に思い込みを把握するために，情報処理の枠組みの形成をみていきます。次に何が起こるか予測します。自動思考が次々と浮かびます。そして，その自動思考が，特定の感情，行動，身体反応に影響していきます。
　このようなマクロな次元の枠組みでBさんの問題を考えた場合，以下のようになります。

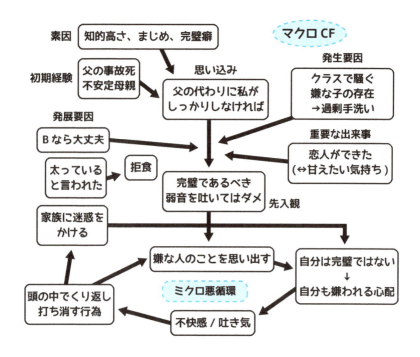

　まずBさんの素因としては，知的な高さ，まじめさ，完璧癖があります。そして初期の経験として，Bさんのお父さんが急な事故で亡くなってしまいます。また，お母さんは不安定です。

　Bさんは，周囲から期待されて「父親の代わりに自分がしなければ」という強い信念や思い（思い込み）をもつようになります。また，クラスで騒ぐ嫌な子の存在から，過剰な手洗いの問題が発生しはじめます。太っているとも言われ，拒食が始まったこともあります。しかし周囲は，Bさんが知的に高く責任感もあったため，「Bさんなら大丈夫」と言い続け，問題が見過ごされていきます。そしてその結果，「自分は完璧であるべき」「弱音を吐いては駄目」という先入観が形成されていきます。

　さらにBさんに恋人ができたとします。恋人ができると甘えたい気持ちが生じ，自分の弱い所を委ねたくなってしまいます。そうするとBさんは困ってしまいます。自分の弱い所を出したくもないし，出した経験もないからです。そのため「自分は完璧であるべき」「弱音を吐いては駄目」という先入観が，より活性化されてしまいます。

第 7 章 ✦ 認知モデル

　またBさんから見れば嫌な人，完璧ではない人のことを思い出すと，「自分も完璧ではない」と連想し，さらに「自分が嫌われるのではないか」と考える独特な連想が働きはじめます。結果，不快感や吐き気，頭の中でくり返し打ち消す行為，手洗いやボーッとしてしまう時間などが生まれてしまいます。この部分はミクロな悪循環です。

　さらにこれらミクロな悪循環により，家族に迷惑をかけてしまいます。家族は「どうしたの？」「なぜそんなに考え込んでしまっているの？」あるいは「まだ手を洗い続けるの？」と尋ねたりします。尋ねられることにより，Bさんは「しっかりすべき私が迷惑をかけている」と考えてしまいます。結果「自分は完璧ではない」と連想して，ミクロな悪循環がさらに強化されていきます。

　このような場合，まず上記のケース・フォーミュレーションをご家族に理解してもらって，まず家族をサポートすることが重要となります。上記のような強迫症の事例は，かつてはエクスポージャーを中心に介入していました。しかし，残念ながらエクスポージャーだけでは上手くいかない場合もあります。今回の事例でいえば「Bさんはしっかりしていてほしい」という期待，「Bさんの思い込み，家族からの期待に対する思い込み」などがありますから，その根本の部分が変わらなければ，いくらエクスポージャーをやっても無駄なのです。そこで，マクロな次元まで形成したケース・フォーミュレーションを家族に説明し，家族の思い込みを変えていくことが求められます。

**第7章
まとめ**

● 認知モデルの核となるのは，認知療法のABCモデル。

● Aはきっかけとなる出来事（Activating event），Bは思い込み（Belief），Cは結果（Consequence）として起きる感情反応や身体反応，行動の変化を表す。

● 認知モデルにも，ミクロな次元とマクロな次元がある。

第 8 章

維持要因としての
役に立たない不安対処

　これまでさまざまな悪循環がクライエントの問題を維持しているということをお伝えしてきましたが，なぜこのような悪循環に自分で気づくことが難しく，不安が維持されてしまうのでしょうか。
　まずは一般的に「不安に対処する」とはどのようなことか，整理するところからはじめましょう。

不安を乗り越える対処の仕方

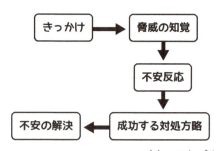

（ウエストブルック他、2012）

　例えば人前に立って話す場面を考えてみます。人前に立つことが**きっかけ**で，他者の視線が集まり「自分の話を聞いてくれるだろうか」「自分のことを見て，笑われないだろうか」「自分の話を聞いて，眠ってしまわないだろうか」と考えてしまいます。これが**脅威の知覚**です。それにより，不安になって動悸がしたり，汗が出てきたりします。しかし，そのような不安が生じたとしても，**対処する方略**を上手に使うことができれば問題はありません。始まる前に深呼吸する，上手に進んだ時の体験を思い出すなど，**成功する対処方略**を行うことで，**不安は解決**していきます。これが一般的な不安対処の方法で

す。上記のことは特別なことではなく，私たちは上記のように日々の不安を乗り越えながら，生活するスキルを身につけていくわけです。

　上記のように誰もが不安を乗り越えられるとよいのですが，必ずしも誰でも不安を乗り越えられるとは限りません。以下の図のように，不安を悪化させる認知要因というものが多く存在し，それによって不安が維持されてしまうのです。

不安を悪化させる認知要因

■**安全探索**
　安全状況を探してばかりいて，肝心の対策をとれない。

■**注意の集中**
　脅威に意識が集中することで，逆に不安が高まる

■**脅威を高めるイメージ**
　関連する言葉や心的イメージによって不安が高まる

■**感情的推論**
　不安や恐怖の感情によって悲観的な推論が維持される

■**記憶のプロセス**
　不安喚起状況を選択的に想起する記憶の歪みのため，不安が持続する

■**結論づけによる予期不安**
　破局的結論づけによって，予期不安が高まり，現実回避を続ける

　不安を悪化させる認知要因について，1つ1つ簡単に説明していきたいと思います。

安全探索

　不安のない安全状況ばかり探してしまい，肝心の不安への対策がとれないことです。例えば翌日に人前で話すことが決まっている人が，不安で仕方ないために前夜に気晴らしのパチンコに出かけてしまうと，結局不安と向き合っておらず，また，前夜にリハーサルを行うなどの対策行動がとれません。

注意の集中

　脅威に意識が集中しすぎることで逆に不安になることです。例えば「大丈夫だろうか」「大丈夫だろうか」と思いすぎると自己注目が高まりすぎ，不安が強くなるといわれています。みなさんも，眠れない時に「早く眠れ」「早く眠れ」と思いすぎて，逆に眠れなくなった時があるのではないでしょうか。その状況がまさに注意の集中です。

緊張を高めるイメージ

　関連する言葉や心的イメージによって不安が高まることです。例えば音感がない人は，友人に「カラオケに行こう」と誘われただけでも，笑われている場面のイメージが浮かんでしまうことがあります。そうすると一気に不安になってしまい「今日は帰るよ」と言ってしまうことでしょう。

感情的推論

　不安や恐怖の感情により悲観的な推論が維持されてしまうことです。不安や恐怖になると「もう駄目だ」「ドキドキしてるから，何をしてもうまくいかない」と，過度に否定的で悲観的な結論に至ってしまいます。そしてその悲観的な結論が，また不安や恐怖を高めてしまいます。

記憶のプロセス

　不安喚起状況を選択的に想起することにより，不安が維持されることです。いろいろな出来事があったはずなのに，自分にとってネガティブな記憶ばかり選択的に思い出してしまい，その記憶の歪みが不安を維持させてしまいます。なお，ここでいうネガティブな記憶は，主にトラウマに関する記憶が該当することが多いです。

予期不安

　破局的結論づけによって，自分の考える否定的な未来に不安を抱くことです。例えばパニック症のクライエントは「もし人前でパニック発作が起こったらどうしよう」と考えすぎてしまう傾向があります。実際に人前に出た時にパニック発作が起こるかどうかはわからないのに，破局的な結論づけにより「きっと人前に出ると，パニック発作が起こってしまうだろう」と考えて

しまいます。このような不安が予期不安です。また予期不安が強いと，否定的な未来を避けるために，現実回避を続けるようになってしまいます。

このように，不安に対して不適切な対処方略を行ってしまうと，かえって不安が悪化したり，維持されたりしてしまうのです。

以上の点をふまえて，より具体的に見ていきたいと思います。ここでは例として，不安症の不安がどのように維持されているか，次の図とともに確認してみましょう。

不安障害の悪循環

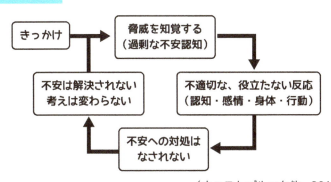

（ウエストブルック他、2012）

不安を感じるきっかけがあって，脅威を知覚します。この段階で，過剰な不安認知はもちろんあるわけですが，その後，先ほど紹介したような「不適切な，役に立たない反応」をしてしまうと，不安への対処はなされません。結果，不安を克服したという経験をもてず，不安は解決されません。そして悪循環がくり返されてしまうのです。

先ほどのパニック症のクライエントの例でいえば，外出してしばらくすると（**きっかけ**），身体に些細な不快感が生じたとします（**脅威の知覚**）。すると，外出先でパニック発作が起こってしまうのでは…？　という予期不安のため，来た道を引き返し，家に帰ってしまいます（**不適切な，役に立たない反応**）。結果，不安を克服したという経験をもつことができず，不安は解決されません。このようにして，パニック症がきっかけで外出をしなくなってし

第3部　ケース・フォーミュレーション入門

まうだけでなく，パニックに対する恐れや不安も解決できないまま，問題が
維持されて，時間が過ぎてしまうのです。

> **第8章
> まとめ**
>
> ●不安を悪化させる認知要因には，安全探索，注意の集中，脅威を高めるイメージ，感情的推論，記憶のプロセス，結論づけによる予期不安が挙げられる。
>
> ●不安に対して不適切な対処方略を行ってしまうと，かえって不安が悪化したり，維持されたりしてしまう。

第 9 章

問題維持パターンと
介入のポイント

　第8章では，不適切な不安の対処が，問題を維持させてしまうことを紹介しました。最後に第9章では，『認知行動療法臨床ガイド』（ウエストブルック他，2012）を参照して不安の対処に限らない「問題が維持されてしまうパターン」について紹介します。

安全確保行動

```
          ┌─────────────────┐
          │  災難が起きること  │
          │    への恐怖      │
          └─────────────────┘
          ↗                  ↘
┌──────────────────┐    ┌──────────────────┐
│ 脅威が存在しないことを │ ← │   安全確保行動     │
│   確認できない     │    │ 災難を防ぐと信じる  │
│                  │    │  行動をとり続ける   │
└──────────────────┘    └──────────────────┘
```

　まずは**安全確保行動**です。災難が起きることへの恐怖を感じたとき，「災難を防ぐと自分が信じる行動」をくり返し続けます。そうすると，脅威に直面できません。また，脅威が本当に脅威かどうかわかりません。実は脅威が存在しないかもしれないのに，それを確認できないために，災難が起きることへの恐怖がなくなることはありません。

　例えば，犬に恐怖を感じる人は，犬が怖いと逃げてばかりいます。ところが，犬の中にはかわいい犬もいて，触ってあげたら喜ぶような犬もいます。すると，すべての犬が脅威ではないとわかるわけです。しかし，犬から逃げ続けるうちは，犬が脅威ではないという経験ができません。結果，犬に対する恐怖が維持されてしまいます。これが安全確保行動です。

回避

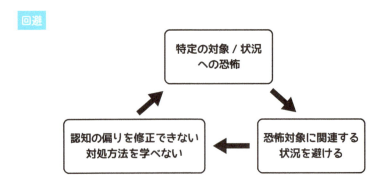

次に回避です。特定の対象・状況への恐怖があると、恐怖対象に関連する状況を避けてしまいます。結果、認知の偏りを修正することができず、対処方法を学ぶことができないため、恐怖が維持されてしまいます。

PTSDの悪循環

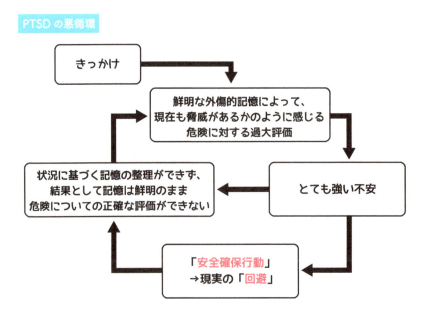

次にPTSD[*23]特有の問題維持パターンについて紹介します。命の危険を伴うような出来事がきっかけで、鮮明な外傷的記憶が形成され、その記憶によって現在も脅威があるかのように感じてしまいます。そして危険に対する過大

評価が形成されていきます。例えば，津波に飲み込まれて死んでしまうのではないかという体験をすると，潮のにおいを嗅いだだけで，記憶が一気によみがえってきます。そしてますます海や潮の香りが怖くなってしまいます。

　現在も脅威があるかのように感じると，とても強い不安を感じます。先ほどの例でいえば，安全確保行動で，海には近づきません。そもそも潮の香りがする所にも行きません。このように現実を回避していきます。すると，状況に基づく記憶の整理ができず，危険についての正確な評価ができなくなってしまいます。ですから，もう常に怖い。潮の香りがするものはたくさんありますから，わずかな刺激で恐怖を感じるようになってしまいます。記憶は鮮明なまま維持され，現在も脅威があるかのように感じて，悪循環となってしまいます。

短期報酬

　次に**短期報酬**です。短期的には好ましい感情や感覚を得ることができる問題行動をとったとします。しかしその問題行動は，短期的には報酬を得られるかもしれませんが，長期的結果として不利な状況に追い込まれることになります。例えば引きこもりは，部屋に引きこもって暮らしていれば，その時，その場所は短期的に安心です。ところが長期的に見ると，引きこもって活動ができなくなってしまうので，周囲の人々からの評価も下がるし，自分への自信も失っていきます。長期的な結果として，不利な状況に追い込まれてい

---

*23 PTSD ／生命を脅かすような極限的な体験に遭遇し，その体験を受け入れられないために，さまざまな精神症状を呈する病態。主に①再体験，②回避，③認知・気分の否定的変化，④過覚醒の４つの症状がある。

るのです。

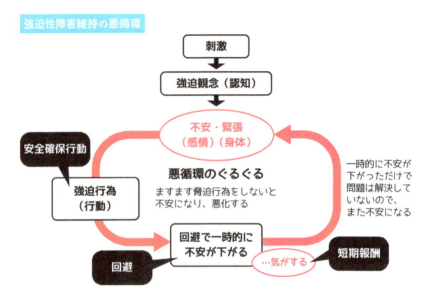

　上図は強迫症維持の悪循環です。強迫症の強迫行為は，強迫観念によって生じた不安や緊張を避けるための，安全確保行動と考えられます。このことにより，自分の不安や緊張から一時的に回避することができます。しかし，その回避によって得られる安心は，短期報酬に過ぎません。問題は未だ解決していないので，また強迫観念に伴う不安や緊張が生じてしまいます。長い目で見れば，不安にきちんと直面できておらず，克服する経験もできていません。そのため，むしろどんどん不安や緊張が広がってしまいます。

　不安の対処に限らず，問題維持のパターンとして，次のように**活動の減少，破局的誤解釈，過剰な警戒・検証，自己成就的予言，恐怖に対する恐怖，遂行不安，完璧主義**などが挙げられます。詳しくは「認知行動療法臨床ガイド（金剛出版）」という本で1つ1つの場合について解説されています。ぜひお読みいただくとよいと思います。

第 9 章 ◆ 問題維持パターンと介入のポイント

その他のパターン

「活動の減少」　　　「破局的誤解釈」
「過剰な警戒・検証」　「自己成就予言」
「恐怖に対する恐怖」　「遂行不安」
「完璧主義」　など

（詳しい内容は『認知行動療法臨床ガイド』(ウエストブルック他, 2012)）

ここまで問題が維持されるパターンをいくつか紹介してきました。では，どうすれば問題の維持や悪循環を断ち切れるのでしょうか。以下の図をご覧ください。

介入アプローチ　—維持サイクルの分断—

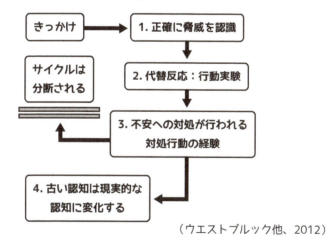

（ウエストブルック他、2012）

まず「正確に，具体的に脅威を認識すること」が大切です。「何が起きているのか」「何が起こったのか」を把握します。次にクライエントにしっかり心理教育を行った上で，代替反応や行動実験を行ってみます。もし不安が強

185

第3部　ケース・フォーミュレーション入門

かったとしても，少しずつ不安への対処を行っていき，対処行動の経験を積んでいきます。それにより，少しずつ認知を変えたり，自信をつけたりできるようになり，悪循環を止めるきっかけになるのです。多くの場合，回避していることが悪循環の維持につながっているため，少しでも行動してみることが大事です。そのためにも，ケース・フォーミュレーションを用いたクライエントへの丁寧な心理教育や，対処行動への動機づけを喚起する働きかけが，援助者には求められます。

　第3部では，ケース・フォーミュレーションについてさまざまな視点でご紹介してきました。参考文献としては，以下のものがあります。

＜参考文献＞
・『山上敏子の行動療法講義 with 東大・下山研究室』山上敏子，下山晴彦著，金剛出版，2010
・『認知行動療法ケースフォーミュレーション入門』M・ブルック，F・ボンド著，下山晴彦訳，金剛出版，2006
・『認知行動療法臨床ガイド』D・ウエストブルック，H・ケナリー，J・カーク著，下山晴彦訳，金剛出版，2012
・『事例で学ぶ認知行動療法』伊藤絵美著，誠信書房，2008
・『子どもと家族の認知行動療法』全5巻　C・ヴァーダインら編，下山晴彦訳，誠信書房，2013
　1．うつ病／2．不安障害／3．PTSD／4．摂食障害／5．強迫性障害

　上記の参考文献をお読みいただければ，ケース・フォーミュレーションをより深く，違った角度から理解できることでしょう。ぜひご参考ください。

第9章
まとめ

●安全確保行動，回避，短期報酬によって，問題が維持されてしまうことがある。

●多くの場合，回避していることが悪循環の維持につながっているため，少しでも行動してみることが介入のポイントとなる。

第3部　確認問題

1 以下の（1）～（5）の文章について，正しい文章には〇を，正しいとはいえない文章には×をつけなさい。

（1）ケース・フォーミュレーションにおいて，反応は「認知」「行動」「態度」「身体」の4つに分類される。

（2）ケース・フォーミュレーションの作成では，クライエントの負担を考慮して，具体的な問題の把握を避けるべきである。

（3）ケース・フォーミュレーションの作成にあたっては，まずは現在の問題の維持要因に焦点を当てるべきである。

（4）ケース・フォーミュレーションの作成において，認知に注目する場合，機能分析の枠組みを用いるとよい。

（5）不安に対して不適切な対処方略をとることで，不安が悪化したり維持されたりすることを，ケース・フォーミュレーションを用いてクライエントに理解してもらうことが重要である。

2 次の問いに答えなさい。

（1）ミニ・ケース・フォーミュレーション，ミクロのケース・フォーミュレーション，マクロのケース・フォーミュレーションの3つについて，それぞれの目的を説明しなさい。

（2）認知行動療法において，なぜケース・フォーミュレーションが重視されるのであろうか。ケース・フォーミュレーションを用いる利点について説明しなさい。

第3部　確認問題／解答

1

(1) ×　「態度」ではなく「情動」である。

(2) ×　具体的な問題の把握をすべきである。

(3) ○

(4) ×　行動に注目する場合が，機能分析である。

(5) ○

2

(1) （解答例）ミニ・フォーミュレーションは，「問題が偶然起きているのではなく，さまざまな要素のつながりによって必然的に起きている」ということを，クライエント自身が理解するために形成される。ミクロのケース・フォーミュレーションは，機能分析や認知モデルに基づき，現在起こっている悪循環の1つを明らかにするために形成される。マクロのケース・フォーミュレーションは，ミクロな悪循環を変えるだけでは不十分で，悪循環を維持してしまう家族システムや学校システムが存在する場合，それらを明らかにするために形成される。

(2) （解答例）認知行動療法においてケース・フォーミュレーションを用いる利点は，大きく3つ挙げられる。1つ目は，ケース・フォーミュレーションを作成することで，セラピスト自身がクライエントの見立てを整理できる点である。その結果，見立てをクライエントに心理教育として伝えることが可能となる。2つ目は，ケース・フォーミュレーションを用いることで，クライエント自身の自己理解・問題理解が深まる点である。ケース・フォーミュレーションに基づいた心理教育により，クライエントが問題の成り立ちや介入方針に納得することができ，それが現実に立ち向かうための動機づけにつながっていく。3つ目は，さまざまな専門家との連携において，問題に関する共通理解を得られる点である。ケース・フォーミュレーションを用いてクライエントの問題を外在化することで，連携するさまざまな専門家と，問題に関する共通理解を得ることができる。結果，専門家それぞれの役割を明確化し，協働してクライエントを支援していくことが可能となる。

　　以上のように3つの利点をもつケース・フォーミュレーションは，認知行動療法の軸となる働きを担っているといえよう。

第4部

新世代の
認知行動療法を学ぶ

第1章

新世代の認知行動療法とは

　第4部では「新世代の認知行動療法」の1つとして主にACT（アクセプタンス＆コミットメントセラピー：Acceptance and Commitment Therapy）をご紹介したいと思います。しかしその前に，「認知行動療法とはそもそもどのようなものであるか」そして「新世代の認知行動療法とは何か」を，確認しましょう。

認知行動療法とは

- 症状や問題行動を改善し，セルフケアを促進するために，非適応的な行動パターン，思考パターンを系統的に変容していく行動科学的治療法を認知行動療法（cognitive behavior therapy：CBT）という。
- 学習理論に基づく行動療法と，情報処理理論に基づく認知療法のそれぞれに由来する体系を含んでいる。

　認知行動療法は，行動療法と認知療法という2つのまったく異なるバックグラウンドをもつ理論によって構成されています。行動療法は学習理論という心理学の基礎分野が基盤になっており，認知療法は情報処理理論が基盤になっています。このようにまったく異質な基盤をもった2つの理論が，モザイク的に一緒に使われており，認知行動療法とされているところが，実は問題となっています。つまり，同じ認知行動療法と呼ばれているものであっても，研究者や援助者によって中身が違うという問題が生じているのです。近年は「認知療法的な認知行動療法」「行動療法的な認知行動療法」と呼んだ方がよいのではないか，という話をしています。

行動療法と認知療法の共通点・相違点

　もう少し詳しく行動療法と認知療法を比べてみましょう。両者ともきちんとアセスメントを行った上でアプローチをしていく点では共通しています。アセスメントを行った上でアプローチする点については、「当たり前ではないか」と思われるかもしれませんが、アセスメントによって人の心を切り刻み、評価した上でアプローチするのは問題だといわれることもあります。しかし、科学的な支援のためにアセスメントは必要不可欠です。行動療法も認知療法も、丁寧なアセスメントを行い、そのアセスメントの結果に基づいて介入をするのは同様であるため、認知行動療法と呼ばれる体系では、アセスメントが大原則になります。

　しかし、行動療法と認知療法では、そのアセスメントの中身が異なります。アセスメントが違うということは、支援の方向性が違うということでもあるので、行動療法と認知療法のアセスメントの体系がどうなっているのかを理解することが重要になります。そこで、行動療法と認知療法のアセスメントの違いを検討していきましょう。

　認知療法も行動療法も自分たちが使っているアセスメント法のことを「ABC分析」と呼んでいますが、中身は全然違います。

2つのABC分析

認知療法

| Activating event | ➡ | Belief | ➡ | Consequence |

行動療法

| Antecedent | ➡ | Behavior | ➡ | Consequence |

　認知療法の方は情報処理の問題に注目しており、人間の心の働きをコンピュータになぞらえています。これは、情報処理理論が認知心理学・認知科学をモデルにしていることに由来します。まず、きっかけとなる出来事（Activating event）が起こり、情報処理が行われたのち、結果（Consequence）が行動や感情として出力されます。そして、認知療法にお

いて情報処理をしているのは思考・信念（Belief）のプロセスです。よって，情報処理がおかしくなってしまえば，結果として出力される感情や行動も当然おかしくなります。そのため，うつになったり，不安になったり，行動がおかしくなったり，非常に悲観的になって閉じこもったりします。あるいはちょっとしたことで驚いて回避してしまうなどの行動の特徴が出てきます。このように評価するのが，認知療法のABC分析です。

　それに対して，行動療法のABC分析はどうなっているのでしょうか。まず人間が行動を起こすきっかけとなる先行刺激（Antecedent）があります。そして，人間が行動（Behavior）した時には，その行動の結果（Consequence）が伴います。この時，何か行動してよい結果が伴えば，その行動はくり返されるようになります。逆に何か行動して，痛い目にあったり，ひどい目にあったりすると，その行動はもうとらなくなります。行動療法のABC分析は，よい結果を伴う行動は行われやすくなり，よくない結果を伴う行動を行われないようになるという，癖や習慣の問題に対して最もフィットする考え方です。実際，子どものしつけや適応行動の獲得・修正といった分野に使われてきました。

2つのABC分析

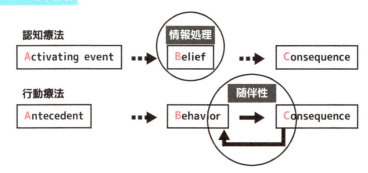

　認知療法は上図のように，情報処理に焦点が当てられています。その情報処理がうまくいっているのか，うまくいっていないならば，どうすれば適切な情報処理ができるかを考えていきます。

　対して行動療法の方は，日常生活の中で意識しなくてもくり返してしまう

行動パターンに焦点を当てます。何か行動した時の結果がどのような結果で，行動にどう影響するのかという，行動と結果の随伴性という所に注目してアセスメントを行うのが，行動療法のABC分析です。

　行動療法の方は，結果が本人にとってよい結果だと行動の頻度が増え，結果が悪ければ行動の頻度が減ります。しかし，認知療法は結果がよかろうが悪かろうが，その前の情報処理は変わりません。

認知行動療法の限界

　行動療法と認知療法の違いを理解していただけたでしょうか。このように行動療法と認知療法があまりにも異質であるため，両方を全体として説明する基礎理論が，認知行動療法にはありません。これが認知行動療法の限界の1つです。

認知行動療法の限界

■全体をカバーできるような基礎理論がない。
- 例えば，あるクライエントを前にした時に，一番の問題が認知の問題なのか行動の問題なのかを判断する基準がないということ。

■これらの方法では，我々の心理行動面が非連続的に変化する局面への適用は難しい。
- 例えば，人生の節目で選択を迫られるような問題に対しては，認知・行動療法で用いられる特定の環境下での因果論的なアセスメントでは不十分。

　行動療法と認知療法の全体をカバーできるような基礎理論がないことがどんな問題を生むのでしょうか。一番の問題は，あるクライエントを目の前にした時に，認知の問題なのか行動の問題なのかを判断する基準がないことです。

　例えば「電車に乗れない」というクライエントがいたとします。「乗れば意外と簡単だったと気づくのに，なぜ乗れないのだろう。これは回避行動の問題だろう。多分どこかで癖にしてしまったのだろう」と考えた援助者は，回

避行動がどんな影響を及ぼすのか，それがどのように悪循環になって生活を限定させてしまうのかを，きちんと説明して心理教育をします。そして，次回までにホームワークとして電車に乗ってみて，どうなるかを見てきてもらいます。クライエントは「そうなのですね。ではぜひ乗ってみます」と言って帰るのですが，1週間後の次のセッションに訪れた時には「先生，やっぱりちょっと怖くて乗れません。もう5年も乗っていないですから，乗れると思えないのです」と話をされます。そこでも「乗ってみないとわかりませんよ。5年前は乗れなかったかもしれませんが，今だったら乗れるかもしれないですよね」と話をして，クライエントは「では，頑張ってみます」と言い，セッションを終えます。しかしまた次のセッションでは「先生，乗ろうと思ったら，もう足がすくんでしまって結局乗れませんでした。やっぱり私は駄目ですね」とクライエントが言う。ここまで来ると回避行動の問題ではなく，認知の問題ではないかと考えはじめます。とても極端な認知をしているために，電車に乗れないのではないかと。そこで認知の方に介入していくと「そうか，そのように考える必要はないのですね。その考え方は確かに筋が通っていますね。先生，なぜ私は気づかなかったのでしょう」ということで，すぐに電車に乗れるようになってしまう，ということが起こります。

　これは逆ももちろんあります。認知の問題だと思ってアプローチをしていても，何も変わらない。変わらない時は，行動の問題かもしれないので，行動の方にアプローチをするとすぐに変容してしまうことがあります。結果，行動が変わることで認知も変わります。このようなことがよく起きるのです。

194

このことが何を意味するのかというと，認知行動療法の効率の悪さを意味します。認知か行動か，最初から適切にアセスメントができればセッションを3回ぐらい省略できるはずです。しかし，セッションの中で試行錯誤しながら進めているので，余分に時間がかかります。悪い場合では，認知の問題として取り組んで進まず，行動の問題として取り組んでも進まず，また認知の問題として取り組んでも進まない…という形で30回ぐらいかかってしまうケースもあります。このような効率の悪さは，認知行動療法が認知と行動の全体をカバーする基礎理論をもっていないことに由来します。

また，認知療法も行動療法も，連続的に変化する現象について科学的に扱っています。科学というのは，一般的に原因があって結果があるという連続性を解析しています。そのため，非連続的な変化を捉えることは苦手です。

先ほど説明したABC分析は，どちらも連続的な現象を扱っています。例えば，人生の節目で選択を迫られるような問題は，非連続的な変化が起こります。大学3年生くらいになると進路で悩むわけですが，大学院に進学するか，就職するか，実家に帰るのか。どれを選択するかによって，その後の人生が大きく変わります。このような非連続的な変化を扱うことができる認知行動療法はなかったのです。

つまり，認知行動療法は科学的・連続的なアセスメントに基づいて介入するので，非連続的な変化を扱う場合，因果論的な説明ではなかなかうまくいかず，これも認知行動療法の限界の1つと考えられます。

新世代の認知行動療法

そこで登場してきたのが，新世代の認知行動療法といわれる治療法です。これは行動療法・認知療法それぞれのグループで以下のように登場してきました。

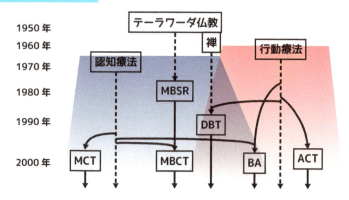

新世代の認知行動療法

行動療法は元々1950年代ぐらいから使われはじめたのですが，発展してくる経緯の中で，やはり認知を扱わないと広い問題は扱えないということが理解されてきました。それで認知を行動療法の立場から扱うようになっていきます。その中で1990年代に**弁証法的行動療法**（Dialectical Behavior Therapy, DBT），それから2000年前後に，後の章で詳しく説明する**アクセプタンス＆コミットメントセラピー**（Acceptance and Commitment Therapy, ACT），それから**行動活性化療法**（Behavioral Activation, BA）が出てきました。

それから認知療法の方は，1960年代から広く使われるようになったのですが，こちらでもいろいろな限界が感じられるようになり，認知の内容を変えるということがそれほど簡単ではないということや，認知の内容が変わることが治療効果に必ずしも関係するわけではないことが，研究で示されるようになりました。

そこで，心身医学の領域で瞑想を取り入れた**マインドフルネスストレス低減法**（Mindfulness-Based Stress Reduction, MBSR）が登場します。また，

うつ病の再発予防に対してどうすればよいのかを探求する中で，今までの方法より，もっと効率のよい方法があるのではないかということで，MBSRを援用した**マインドフルネス認知療法**（Mindfulness-Based Cognitive Therapy, MBCT）や**メタ認知療法**（Meta Cognitive Therapy, MCT）などの治療法が2000年前後に登場します。

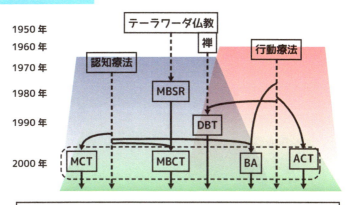

新世代の認知行動療法

これら2000年代に登場した，上図の緑で示された治療体系には，共通点があります。1つは，**認知の機能**への注目です。認知の内容ではなく，その認知がどういう影響力や効果をもっているか，あるいは認知プロセスがどのようにコントロールされているかに注目する，という共通した特徴があります。「認知の機能への注目」とはどういうことか，もう少し詳しく説明しましょう。従来の認知療法のモデルは，ごく簡単にいうと，考え方が間違っているので，別の考え方を探して，そちらに置き換えてみたらどうなるか，ということを検討していきましょうというモデルでした。認知の中身を変えようということです。しかし，Aという認知がBという認知に変わっただけでは，特定の場面には対応できるかもしれませんが，やはり対応できない場面が出てきます。その都度認知を変えていてはいつまでも解決しませんし，認知が強い影響力をもったままなので，認知にとらわれ続けています。

重視されるべきは「認知の内容」ではなく，1つの考え方にとらわれずに，考え方の選択肢をたくさん自分でもてるようになる前提としての「認知の機能」です。「認知の機能」を変えることで，認知や行動の柔軟性につながっていくということが想定されています。「そういう考え方もできるけど，他の考え方もできるかもしれない。この場面では当てはまるかもしれないけど，別の場面ではあてはまらないかもしれない」と，自分の認知を柔軟にし，認知の影響力を下げることができれば，行動も感情もそれほど影響を受けないで，実際にその場面で求められるような行動ができる，というところに，新世代の認知行動療法は目を向けていったのです。

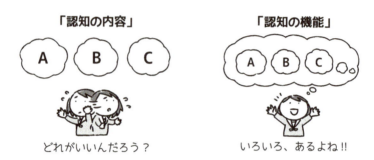

また，そういった「認知の機能」を変えていくための介入として，**マインドフルネスやアクセプタンス**といった技法が使われるようになったというところも，新世代の認知行動療法の共通点です。よってここで，認知療法と行動療法が共通の土俵に立てた可能性があるということで，先ほどの限界点を乗り越える1つの試みとして，新世代の認知行動療法が発展してきたと考えています。ぜひこのような位置づけで，後の章を読んでいただければと思います。

> **第1章 まとめ**
> ● 従来の認知行動療法は，認知療法と行動療法の全体をカバーする基礎理論が存在せず，限界が存在していた。
> ● 新世代の認知行動療法は，「認知の内容」より「認知の機能」を重視し，マインドフルネスやアクセプタンスといった技法を用いることで，前述の限界を乗り越えることを目指している。

第 2 章

行動療法の系譜から

　第 1 章では，新世代の認知行動療法とは何か，という点についてお伝えしました。しかし，すべての新世代の認知行動療法を紹介するのは困難なので，特に本章では，筆者の専門である行動療法の系譜に注目し，そこから派生した新世代の認知行動療法の 1 つである ACT（Acceptance and Commitment Therapy）を中心に紹介したいと思います。そして ACT を学ぶためには，まず前提となる行動療法の立場をより詳しく理解しておく必要があります。そこで本章では，主に ACT を理解する前提となる行動療法の立場を，詳しく紹介していきます。

行動から人を見る

　行動療法の立場というのは，一言で言えば「行動から人を見る」ということです。第 1 章で行動療法の基礎は学習理論ということを紹介しましたが，その学習理論の中でも柱となっているものが，**行動分析学**と呼ばれる学問です。

行動から人を見る

■行動分析学では，我々が日々生きているという事実を，習慣的行動という側面から捉える。

■習慣的行動とは，ある環境（文脈）の中でくり返される「癖」のことである。

■この癖が人を作り上げ，我々の人生を織り上げていく。

　行動分析学とは，私たちが日々生きているという事実を，習慣的行動という側面から理解しようとする学問です。ここでいう習慣的行動とは，特定の

環境の中でくり返される「癖」のことです。ある特定の文脈で、自動的に出てきてしまうような「癖」を指しています。行動分析学では、この癖が人を作り上げ、私たちの人生を織り上げていくと考えています。つまり毎日の生活の中で、どのような癖がくり返されているのかがわかれば、その人の「人となり」が理解できます（もちろん全部ではありませんが）。そして、その人が抱えるさまざまな問題や、その解決法も見えてくるという考えをもっています。

行動分析学と新世代の認知行動療法の視点の違い

　行動分析学における習慣的行動への注目と、後に紹介する ACT におけるマインドフルネスやアクセプタンスとの関係を先にお伝えしておきます。マインドフルネスやアクセプタンスは、「今、ここ」で自分が経験していることに注意を向けます。そうすること自体は、習慣ではありません。「今、ここ」で経験していること、そのものに目を向けていきます。

　マインドフルネスやアクセプタンスは、今までずっとくり返してきた習慣から外に出て、新たに今、この状況で、この場で求められていることを選択するという所につながっており、そのような方向性を新世代の認知行動療法はもっているということを、先にお伝えしておきたいと思います。

　行動療法が伝統的に介入ターゲットにしてきたのは習慣的行動ですが、それを変えていこうとするときは、「今、ここ」での経験をくり返して、新しい習慣を作り上げていくことが必要になります。新世代の認知行動療法では、その前提となる「自らの体験との関わり方」に焦点を当てその役割を強調していると考えてみればよいでしょう。以降は改めて、行動療法が習慣的行動をどのように捉えてきたのか、確認したいと思います。

習慣的行動とは

習慣的行動とは，特定の場面や文脈で連鎖的にくり返される行動パターンのことです。そのため，1回限りの行動は行動療法のターゲットにはならない点に注意してください。

以下の図は，食行動を例に習慣的行動をまとめたものです。

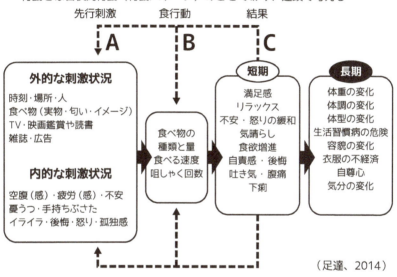

（足達、2014）

例えば，非常に疲れてストレスがたまった状態で家に帰ってきたとします。そして家のリビングに入ると，テーブルの上に饅頭などの甘い物が置いてあったとします。これらは先行刺激（Antecedent）となります。そしてリビングに入るやいなや，何も考えないうちに甘いものを口にしてしまいます。今回の例は，この行動（Behavior）が問題になるわけです。食べると，結果（Consequence）として「甘い物はおいしいな」と感じたり，ストレスが和らいだりします。この結果が本人にとってよいものであれば，同じような状況下で，同じような行動が習慣としてくり返されるようになります（このよ

うな仕組みで行動が増えることを，正の強化といいます）。このようにABCの関係を考えていきます。特にBとCの関係のことを**随伴性**といいます。行動の直後の結果によって，私たちの行動は自動的に学習され，習慣化されてしまいます。

ここで注目したいことは，長期的な結果は行動に影響を及ぼさないということです。今回の例でいえば，食べた後しばらくしてから「ああまた食べてしまった」と後悔したり，甘いものを食べ続けて体重が増加することなどです。しかし，体重が増加しても，そのことで甘いものを食べる量が減ったりはしません。このように，下図のDで表されている**長期的な結果**（Delayed outcome）は，行動に影響を及ぼさないのです。

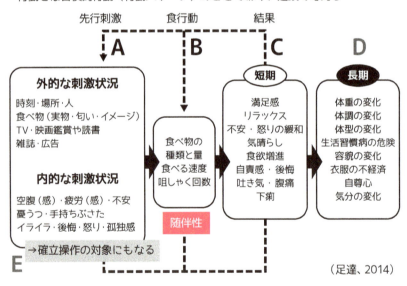

（足達、2014）

次に上図のEに注目します。Eとは**確立操作**（Establishing operation）のことです。この確立操作とは，短期的な結果の影響力を確立する操作のことです。例えば，夜疲れたりストレスがたまった状態で家に帰って甘いものを食べると，「疲れが取れる」「お腹がすいていたが，満たされた」「ホッとした」

「ストレスが楽になった」というように、結果の影響力が大きくなってしまいます。そこで、帰る前にお茶を飲んでおいたり、予め用意したものを少しだけ食べるようにしたりしておけば、家に帰っても甘いものを食べずに済むかもしれません。これは確立操作を変えていると考えられます。

機能分析

行動療法における ABC 分析は機能分析と呼ばれます。この「機能」というのは、結果の影響力のことです。例えば、甘いものを食べたことに対する満足感や安心感が、甘いものをもっと食べさせるという機能や影響力をもつわけです。このような結果が行動に対してもつ機能に注目するので、機能分析と呼びます。

機能分析では、問題行動（B）の維持要因を考えるにあたり、どのような状況下（A）で起こり、行動の直後にどのような結果（C）が伴っているのかを明らかにしていきます。さらに長期的な結果（D）は何か、確立操作（E）は何かまで明らかにできれば、介入ポイントはたくさん見えてきます。

機能分析

■問題行動（標的行動）の維持要因を、行動の連鎖にそって明確化するのが機能分析（行動分析、ABC 分析）
- どんな状況で起こるのか（Antecedent：弁別刺激、Establishing operation：確立操作）
- 自分の問題をどのように理解しているか（ルール：確立操作として機能する）
- どんな行動か（Behavior：標的行動）
- 直後（60 秒以内）にどのような結果が起こっているか（Consequence：結果）、長期的結果（Delayed outcome）は？

第4部　新世代の認知行動療法を学ぶ

ABCDE 分析とそれに基づく介入ポイント

　クライエントが問題を抱えて相談室に来る時は，主に何を訴えるでしょうか。例えば先ほどまでの例の場合「甘いものを食べるのが止められません。体重が増えてしまって，最近ズボンがはけなくなってしまいました」という話になることが多いのですが，これは長期的な結果（D）を訴えているのです。長期的な結果（D）の原因になる習慣的行動の結果（C）について，多くのクライエントは最初から話してくれません。「甘いものを食べてしまう（B）」や「体重が増えてしまった（D）」は話してくれても，「甘いものを食べるとホッとする，疲れが取れる（C）」という話が最初から出てくることは，ほとんどないのです。

　クライエントが相談に来るのは多くの場合，目先の安心を手に入れて，長期的な苦しみを抱え込むというパターンです。そして相談しようとするのは長期的な苦しみの方だけです。しかし私たちが聞き出さなくてはならないのは，どのような目先の安心を手にしているのか，ということです。よって，クライエントの主訴としてDを聴くことが多いですが，私たちはクライエントからABCのつながりを聞き出さなければならないのです。これが機能分析によるアセスメントのポイントとなります。

　また，できればEについても聞いておけるとよいです。「どのような時に起こるのですか」と尋ねることで「疲れている時」「寝不足の時」などを聴けると，それが確立操作である場合は，そこにも介入ができるようになります。よって，ABCDE分析[*1]ができると，望ましくない行動を減らすという直接的な対応だけでなく，手がかりを取り去ったらどうなるだろう，本人にとってよい結果が伴わないようにしたらどうだろう，確立操作を解消したらどうだろう…と，さまざまなアプローチが可能となります。

---

*1 ABCDE 分析／本章では触れられていないが，行動療法だけでなく，認知療法にもABCDE分析は存在する。以下に，認知療法の1つである論理情動療法を提唱したA. エリスのABCDEモデルを紹介する。ABCDEはそれぞれ，A出来事（Activating event），B思考・信念（Belief），C結果（Consequence），D反論（Dispute），E元気づけ（Effect）を表わす。ABCの部分は，本章で説明されているものと同じ。さらに，自分の非合理的な思考・信念に対し，自ら反論（D）することで，自らを元気づけていく（E）ことをモデルとしている。

204

第2章 ✦ 行動療法の系譜から

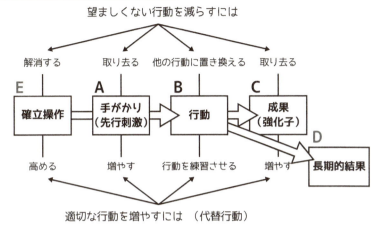

ABCDE分析とそれに基づく介入ポイント

（鈴木・神村、2005を元に作成）

　手がかりを取り去るとは、具体的にどのようなことでしょうか。これまでの例でいえば、リビングのテーブルにある甘いものを全部片づけておけばよいことになります。しかし、リビングになくても棚の中に入っていることを知っていた場合、テーブルの上に何もない場合は自動的に棚まで探しにいくことでしょう。取り去るならば、徹底的に取り去る必要があります。つまり、棚の中も空にしておけば対処できますが、いたちごっこのようになることもあります。

　このように、望ましくない行動を減らすというのは容易ではありません。なぜならば、習慣化されてずっとくり返されている癖だからです。皆さんも自分の癖を減らしたり、変えたりすることを想像してみてください。それほど簡単ではないでしょう。

　そこで行動療法がとる戦略が、**代替行動**を増やすという戦略です。代替行動は、問題行動（B）と両立しない別の行動でありながら、行動の結果（C）は似ている行動のことです。例えば、「疲れたりストレスがたまった状態で家に帰ったときに甘いものを食べる」という行動の代替行動は「家に帰ったら、すぐにシャワーを浴びる」「家に帰ったら、家族に用意してもらったお茶をゆっくりと飲む」などが考えられます。甘いものを食べてホッとする、疲れ

が取れるという結果も，シャワーを浴びてホッとする，疲れが取れるということも，結果は類似しています。結果がもつ機能は類似していますが，長期的な結果は異なります。甘いものを食べて太っていくのではなく，シャワーを浴びてすっきりできれば，少なくとも余分に太ることはなくなります。このように，結果（C）が類似していても，長期的な結果（D）が望ましい代替行動を探していきます。代替行動を強化していくということが，行動療法の一般的な戦略であることをおさえておいてください。

行動活性化療法

これまでご紹介してきた機能分析をしっかり使っている新世代の認知行動療法の１つに，行動活性化療法があります。

行動活性化療法

■うつ病を行動分析理論に基づいて治療するために開発され，大きな効果が確認された方法。

■生活内で正の強化を増やすために活動性を高めることを目的として，文脈を考慮した機能分析の結果に基づいて，負の強化が随伴する回避行動を減らし，正の強化が随伴する代替行動を増やすように介入する。

■薬物療法や認知的介入が，内側から外側へ働きかけるのと逆に，外側から内側へ働きかける，すなわち毎日の生活の中での行動を変えること自体が目的になる。

(マーテル他，2011)

うつ病に対する認知療法は，行動活性化と認知再構成[*2]の２つから成り立っていますが，この行動活性化と行動活性化療法は少し違っています。認知再構成というのは，考え方の幅を広げていくための方法です。それに対して行動活性化は，日々の喜びや達成感を感じられるようなことを探して，記録し

---

*2 認知再構成／クライエントが意識することなく，瞬間的に頭をよぎる認知・思考・イメージである「自動思考」を検討していくことである。詳細は第１部 column，第２部第６章を参照。

ていく方法です。とくにうつ病の人は、閉じこもってしまって、楽しいことが何もなくなってしまい、元気が出なくなってしまうということが起こるので、日々の喜びや達成感を探すこと、記録することそのものが、正の強化を増やす効果があります。また、探したり記録したりするために、生活のスケジュールを立てなおすということも有用です。

一方で、行動活性化療法といった場合は、正の強化を増やすだけではなくて、負の強化を減らす介入も含んでいます。**負の強化**とは、嫌な結果を減らすことのできる行動が増えることです。

例えば「地下鉄に乗るのが怖い人」の場合、地下鉄に乗ろうとすると不安が高まってきます。「地下鉄に乗ったらひどい目に会うかもしれない」「つらいことになるかもしれない」。実はこれらの考えは、本人の空想にすぎないのですが、とても嫌な結果が起こるはずだと思い込んでいます。そこで、「体調が悪いから電車に乗るのをやめておこう」となると、不安や緊張、動悸がスッとなくなります。つまり、嫌な結果が減っているのです。嫌な結果が減ったことにより「地下鉄に乗らない」という行動の頻度が増えていきます。

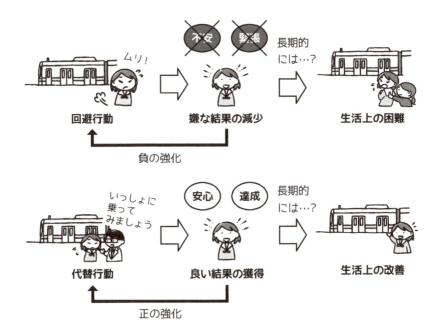

うつ病の人も同様です。うつの人はとても傷つきやすくなっているので，人前に出ると「誰かから無視をされてしまうのではないか」「平日なのに何をやっているのと言われないか」など，声をかけられて傷ついてしまうことを考えてしまいます。これも本人の空想にすぎないのですが，その嫌な結果が起こらないから，家にいるという行動が増えてしまいます。このように，うつ病や不安症，恐怖症の人は，この負の強化がとても効いています。

そこで，負の強化が随伴する回避行動を減らして，正の強化が随伴する代替行動を増やすように介入していくことが，行動活性化療法です。それを実現するためにも，前述してきた機能分析の結果に基づいて介入するのです。

薬物療法や認知的介入が内側から外側に働きかけるのとは逆に，行動活性化療法では外側から内側に働きかけます。すなわち，毎日の生活の中での行動を変えること自体が目的になります。行動が変われば，認知も変わることを想定しています。

以上，機能分析を軸に行動療法の立場をご紹介しました。次章以降は，いよいよ新世代の行動療法である ACT の話題に移っていきたいと思います。

第2章 まとめ

●機能分析では，問題行動（B）が，どんな状況下（A）で起こり，行動の直後にどのような結果（C）が伴うのかを明らかにする。長期的な結果（D）や確立操作（E）まで明らかにできるとよい。

●行動活性化療法では，問題行動（B）と両立しない別の行動でありながら，結果（C）が類似しており，長期的な結果（D）が望ましい代替行動を強化する。

第 3 章

事例に基づく理解：広場恐怖

本章からは，いよいよ本題である新世代の認知行動療法の1つ，ACT（Acceptance and Commitment Therapy）の話に触れていきたいと思います。

ACTの「OS」

パーソナルコンピュータには，WindowsやMacOSなどのオペレーティングシステム（以下OS）が存在するように，ACTにもOSが存在するということを想定しています。

具体的にACTのOSは，以下の図のように**「アクセプタンス」「脱フュージョン」「文脈としての自己」「コミットした行為」「価値の明確化」「プロセスとしての自己」**の6つの柔軟な行動的プロセスから成り立っていますが，これらが増やしていく代替行動に相当します。そして，それとは別に問題行動[*3]（病的な行動的プロセス）も6つ挙げられているのですが，この両者に注目して治療や支援を進めていくのが，ACTという治療法です。

（ルオマ・ヘイズ・ウォルサー、2009；Foodyほか、2012）

[*3] **問題行動と代替行動**／6つの行動的プロセスのそれぞれに，どのような問題行動が対応しているかは，第5章で詳しく説明する。

実はACTは行動療法の系譜にありますが，機能分析を行いません。機能分析を行わなくても，この6つの行動的プロセスに基づくOSが頭に入っていれば，ACTを用いることが可能とされています。しかし，ACTと機能分析はまったく無関係というわけではありません。ACTのOSと機能分析とのつながりや，6つの行動的プロセスの詳細については後の章で詳しく説明します。現時点では，ACTが機能分析を行わないこと，6つの行動的プロセスから成るOSが存在すること，この2点さえおさえていただければ十分です。

ACTの「OS」から見た行動活性化

では，前章で紹介した行動活性化は，ACTのOSにおいて，どのように位置づけられるのでしょうか。行動活性化は特に「価値の明確化」と「コミットした行為」というところに位置づけられています。

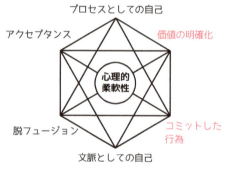

（ルオマ・ヘイズ・ウォルサー、2009；Foodyほか、2012）

「価値の明確化」というのは，自分の人生にとって大事なことは何か，自分が大切にしたいことは何か，言語化することです。例えば「5年間，地下鉄に乗れていない」と相談に来たクライエントがいたとします。「地下鉄に乗れない」という相談に対して，「では，地下鉄に乗りたいのですね」とすぐに言ってはいけません。なぜならば，5年間も地下鉄に乗らなくても平気だったからです。それを今なぜ，何とかしたいと思っているのかというと，その

第 3 章 ◆ 事例に基づく理解：広場恐怖

人の「価値」が関係していることが多いのです。例えば「家族で引っ越すことになったが，引っ越し先では地下鉄に乗らないと暮らせない」となると，家族と共に幸せに生きていくことが，そのクライエントの価値となります。そのような，自分の人生にとって大事なものを言語化することと，その価値に対してコミットした行為[*4]を行うことで行動活性化が実現されます。

　しかし価値を明確化しても「頭でっかち」な人には，進まないことがあります。

　「大事にしたいものを実現するための行動を，まずやってみませんか。やらなかったら何も変わらないから，落ち込んでいる気持ちはわかりますが，それはちょっと置いておいて，とりあえずやってみていただいて，結果を教えていただけませんか」

と促しても，

　「先生，うつになったことがないでしょう。うつになったらわかります。やろうとしてもできないから，ここに来ているんです。そんなことを言われてできるぐらいなら，こんな所には来ません」

という人もいるわけです。このような人は，まずこの「頭でっかち」の部分を柔らかくしないことには，行動活性化を進められません。

　そこでここからは，「頭でっかち」の人に対する事例を参考にしながら，「頭でっかち」とは具体的にどのような人なのか（第 3 章残り），なぜ「頭でっかち」になってしまうのか（第 4 章），「頭でっかち」をどのように柔らかくできるのか（第 4 章・第 5 章），順を追ってお伝えしていきたいと思います。

---

*4 コミットする／本書において「コミットする」という言葉は，「積極的に注力する」「自ら深く関わっていく」というニュアンスを込めて用いている。

211

第4部　新世代の認知行動療法を学ぶ

事例：広場恐怖のＡさん

　広場恐怖とは，乗り物に乗るのが怖かったり，外出するのが怖かったりする病態です。以下の事例をご覧ください。

広場恐怖のＡさん

- ■41歳，主婦，女性
- ■主訴：地下鉄に乗れない
- ■8年前，地下鉄のなかで，気になることをいろいろと考えているうちに息が苦しくなり，ドキドキしてしまい，次の駅で降りることが何回かあった。それから，乗らなければ大丈夫と考えて，ずっと乗っていない。来年で結婚して10年になるので，夫と一緒に海外旅行に行けないかなと夢のようなことを考えていたが，先日，パニック障害のテレビを見て，カウンセリングで治せるものならと思って来た。
- ■何も理由がないのに苦しくなったことはなく，寝ているときに発作を起こして目を覚ましたこともない。地下鉄以外の各停であれば乗ることはできる。何度か地下鉄に乗ろうとしたことはあったが，その度に，ひどく怖くなり乗れなかった。周りからは練習しないとよくならないと言われるが，私が乗れないと思っているのだから，乗れないと思う。

　まず注目したいことは「何も理由がないのに苦しくなったことがありますか」という質問に「ない」と答えていることです。寝ている時に発作を起こして目を覚ましたこともないようです。ない場合はパニック症[*5]の診断がつきません。パニック症は基本的に脳の病気だと考えられているので，薬物療法が選択に挙がります。しかし。このＡさんはパニック症ではないようなので，パニック症を伴わない広場恐怖と考えられます。なお，パニック症を伴わない広場恐怖の人もたくさんいます。広場恐怖は脳の病気ではなく，習慣の病気，学習した病気であるため，認知行動療法が第1選択となります。広場恐怖には基本的に薬は効かず，気休めにすぎません。

---

*5 パニック症／突然に生じる急激な動悸，発汗，震え，息苦しさ，めまい，胸腹部の不快感をパニック発作と呼ぶ。パニック症は，心理的な理由がなく起こるパニック発作をくり返す病態を指す。

また「地下鉄以外の各停であれば乗ることができる」という発言にも注目です。なぜ地下鉄だけ乗れないのですかと尋ねると「だって地下鉄は，地下の深い所だから怖いじゃないですか」と答えたとします。これはもう身体の問題ではないことがわかります。認知や習慣の問題と考えられます。

そして特に注目したいのが「私が乗れないと思っているのだから，乗れないと思う」という部分です。「頭でっかち」と思われる部分はこの部分です。

Aさんの機能分析

次にAさんの機能分析を考えてみます。

> ### Aさんの機能分析
>
> ■標的とする問題：電車や飛行機に乗れないこと
> ■状況：「結婚して10年になるので，夫と一緒に海外旅行に行けないかと考えている（確立操作としての価値）。地下鉄に乗ろうとすると，恐怖で固まっている自分が思い浮かび，「乗れない絶対無理」と思ってひどく怖くなる（認知的フュージョンによる弁別刺激）。
> ■行動：無理に乗ろうとして怖い気持ちになりたくないので（体験の回避），地下鉄に乗ること自体をあきらめて，何年も駅に近づくことすらしていない（行動レパートリーの抑制）。
> ■結果：乗らないので平気でいられている（強化子の出現）。生活範囲が狭まっており，なんとかしたいと思うこともあるが，「これまでのことを考えると乗れるはずがない」と考えて納得する（認知的フュージョンによる強化子の出現）。

第4部　新世代の認知行動療法を学ぶ

　長期的な問題（D）は，地下鉄に乗れないことです。しかし，結婚して 10 年になるので，夫と一緒に海外旅行に行けないかと考えています。これは確立操作（E）としての「価値」となる可能性があります。

　状況（A）は，地下鉄に乗ろうとすると，恐怖で固まっている自分が思い浮かんで「乗れない，絶対無理」と思い，ひどく怖くなることです。無理に乗ろうとして怖い気持ちになりたくないので，地下鉄に乗ること自体を諦めて，何年も駅に近づくことすらしていないという行動（B）が起こっています。

　すると結果（C）として，乗らないので平気でいられます。生活範囲が狭くなってしまい，何とかしたいと思うことがあっても「これまでのことを考えると乗れるはずがない」と考え，乗らない行動に対して納得してしまいます。この「納得」は私たちにとって非常に大きな影響を及ぼします[*6]。なぜならば，私たちは筋が通った説明をすることが人生の中で何回も求められ，褒められ，評価されてきているので，例え間違った考え方であっても，納得するということがとても大きな意味をもってしまうのです。今回の A さんも，納得によって「地下鉄に乗らない」という行動が強化されてしまっています。

A さんへの介入

　A さんへの介入として，まず代替行動が向かう方向を探りはじめます。どのような行動を増やしていくのか検討している様子が，以下の会話になります（Th はセラピスト，Cl はクライエント（A さん）を表します）。

[*6] 納得／思考による納得には，周囲から得られる評価の他に，「認知的フュージョン」も関わっている。認知的フュージョンについては次章を参照。

第 3 章 ✦ 事例に基づく理解：広場恐怖

代替行動が向かう方向（価値）を探りはじめる

Th：ご主人と結婚して 10 年になるので，海外旅行に行きたいと思って
　　 らっしゃるんですね。
Cl：ええ。でもそれが夢物語だということはわかっています。
Th：そんなことないと思いますよ。
Cl：えっ，そうなんですか。私は急行にも乗れないんですよ。
Th：でも，急行や地下鉄に乗れないと決めているのは，A さんですよね。
　　 だったら，来年にはご主人と海外に行くぞと決めてみてもよいので
　　 はないでしょうか。
Cl：はあ…
Th：もちろん，それを決めるだけでは何も現実は変わりませんね。現実
　　 を変えていくためには行動を通して外の世界と関わっていくことが
　　 必要ですから。ご主人と海外に行くために何ができるようになれば
　　 よいか，これから一緒に考えて，実行していきましょう。

　行動は，ある環境の中で起こってくるものであると同時に，行動すること
によって環境に影響を及ぼすものでもあります。行動は連鎖を作るものであ
るため，少しでも行動すれば，現実は少しですが変わるのです。行動しなけ
れば何も変わりません。ですから「ご主人と海外に行くために，何ができる
ようになればいいか，これから一緒に考えて実行していきましょう」と提案
しているわけです。

　また，前の方で「来年にはご主人と海外に行くぞと決めてみてもよいので
はないでしょうか」と言っていますが，これは，ここでもう認知の機能を変
える介入をはじめています。つまり，A さんが地下鉄に乗れないと決めてい
ることにそれほど影響力があるなら，「来年に海外に行く」と決めてしまうこ
とも，同じぐらい影響力がありますよねと言っているわけです。

　しかし「来年に海外旅行」という考えを「そんな簡単に実現できないでしょ
う」と A さんが言うのであれば，こちらも「地下鉄に乗れない」という考え
も同様に，それほど大したことではないですよねと言えることになるわけで
す。つまり，思考の「重み」を落とす介入をしているのです。

215

第4部　新世代の認知行動療法を学ぶ

　しかし，「頭でっかち」な人は，そもそも「できないと考えたから，できない」と言ってしまえるほど，思考が強い影響力をもってしまっています。なぜこれほどまでに思考が強い影響力をもってしまうのでしょうか。次章以降はこの点について，特に言語行動に注目してお伝えしていきます。

> **第3章まとめ**
>
> ●ACT は行動分析の系譜ではあるが機能分析を行わず，6 つの行動的プロセスから成る OS に基づいて支援を行う。
>
> ●「頭でっかち」な人は，「できないと考えたから，できない」と言ってしまえるほど，思考が強い影響力をもっている。

第 4 章

言語行動の光と影

　前章では「頭でっかち」になってしまう人の事例を紹介してきました。この章では言語行動に注目して，なぜ頭でっかちになってしまうのかを考えていきます。

「頭でっかち」になる基盤

　まずは言語行動の定義から入りましょう。言語行動とは，行動分析学において複数の刺激を関連づけ，その刺激の機能を変える行動と定義されています。

頭でっかちになる基盤（ACT の基礎）

- ■言語行動は，複数の刺激を関係づけ，その刺激の機能を変える行動と定義される。
- ■言語行動の習得によって，人間は動物にはないバーチャルな世界を作り上げる力を手に入れ，文明社会を築き上げた。
  - ▪ 任意の刺激に意味を付与できるようになったから。

　物に名前をつける場面を考えてみましょう。例えば小さい子どもが自動車を見て「ブーブー」と言います。それに対して親が「あれは車っていうんだよ，言ってごらん」という働きかけをするうちに，子どもが自動車をみて「車」と言うようになります。

　これは何が起こったのでしょうか。それまでは子どもにとって「く」「る」「ま」という3つの音は，何の意味ももっていない「単なる音」でした。しかし「く」「る」「ま」という3つの音と，自動車の姿，走る音，そして「ブーブー」という言葉が結びついたことにより，「車」という3つの音の機能が変

わりました。これが言語行動の実例です。

　他の例でいえば，お腹が痛いときに，自分にとって不吉なことが起こると思うと，「お腹が痛い」と「不吉」が結びつきます。これは「お腹が痛い」ことが「不吉」を思い起こさせる機能を獲得するわけです。この例では「お腹が痛い」が言語行動に相当します。このように言語行動の定義は，非常にシンプルで柔軟です。そして，言語行動によって，任意の刺激に意味を付与できるようになったと言い換えることができます。

　このことによって何が起こるかというと，私たちはバーチャルな世界を作り上げる力を手に入れます。どういうことかというと「く」「る」「ま」と言われた時に，現実に目の前に車がなくても，自然に車が思い浮かんでくるということです。

バーチャルな世界を作り出す力

　例えば，頭の中で「レモン」と言ってみましょう。レモンが浮かんできたでしょうか。当たり前と思うかもしれませんが，実は当たり前のことではありません。これは**言語と対象の双方向性**といい，人間にしかない能力だということがわかっています。

『バーチャルな世界』を作り出す力

■ 「レモン」と頭の中で言ってみましょう。

浮かんできましたか？

当たり前のこと？

→言語の双方向性といわれ，人間にしかない能力

　つまり，レモンと言われてもレモンが浮かんでくるのは人間だけです。犬は，レモンと言われても，レモンは浮かんでいません。犬が「お手」と言われた時に，お手という行動をしても，お手をしている自分の姿が浮かんでい

るわけではないのです。そうではなく，先の機能分析の項で説明したABCの連鎖に沿って，「お手」－「前足を飼い主の手に乗せる」－「なでてもらえたり，餌がもらえたりする」という経験をくり返すことによって，「お手」と言われることで，自動的にこの行動が起きるようになるだけです。

またレモンではなく，仮にこの果物が「ランカ」と呼ばれることになったとします。そうすると目を閉じて「ランカ」と言うと，先ほどと同様のレモンの姿が浮かぶのではないでしょうか。これは先ほどの子どもにとって「く」「る」「ま」という音に，映像や意味が付与されたことと同じです。意味のない音の刺激の機能が，一気に変わっただけです。このように言語行動の学習はとても速く，結びつけばすぐに機能が変わることが大きな特徴です。

このように，言葉を聞いたり考えたりすると，その言葉が意味しているものが，私たちのバーチャルな世界にどんどん浮かんできます。つまり心の眼で見えてしまうのです。心の眼とはいえ，私たちは見えてしまうものを信じてしまいがちです。例えばAさんが地下鉄に乗れるわけがない，無理だと考えていると，地下鉄に乗ってひどい目にあっている自分が見えたり，動悸が止まらなくなってへたり込んでいる自分が見えたり，乗ろうとして引き返してしまう自分が見えたりします。それが，とてもリアリティをもって迫ってくるのです。

人間は言語と対象の双方向性があるからこそ，私たちは常にバーチャルな世界と共に生きています。例えば本を読んでも，あっという間にバーチャルな世界に行ってしまいますが，ふと気づいてまた戻ってきたりします。犬や猫はそのようなことはできず，リアルな世界しか生きていません。そのような違いがあるのです。

第4部 新世代の認知行動療法を学ぶ

言語行動のダークサイド

　バーチャルな世界を作り上げる言葉の力は諸刃の剣で，ありもしないネガティブな評価を現実として感じることがあります。このことを**認知的フュージョン**[*7]といいます。

言語行動のダークサイド

■バーチャルな世界を作り上げる言葉の力は，まさに諸刃の剣で，それが自分自身に向かった場合には，ありもしないネガティブな評価を現実として感じることになる（認知的フュージョン）。

■その結果，ネガティブな自己像やそれに結びつく思考によって傷つくのを避けるために，さまざまな刺激に反応して生じる自らの思考や感情自体を回避しようとする（体験の回避）ことになる。

　例えばうつの人が「自分は駄目な人間だ」と考えると，駄目な自分が見えてしまうわけです。誰も声をかけてくれず，一人でいる自分が見えます。何をしても失敗ばかりで，失敗してうなだれている自分が見えてしまいます。しかも，先ほどの「ランカ」の例のように，思考が作り出すバーチャルな現実は，あっという間に生み出されます。よって，考えるとすぐに見えてしまうため，当然落ち込んでしまうことになるでしょう。

　ネガティブな自己像やそれに結びつく結果によって，自分が傷ついていきます。そして，傷つくのは誰でも嫌ですから，さまざまな刺激に反応して生じる自らの思考や感情自体を回避するようになります。このことを**体験の回避**といいます。不安ではない，落ち込んではいない，自分は大丈夫だ，といい聞かせるのです。この体験の回避は，短期的には有効かもしれませんが，長期的には有効とはいえません。

[*7] 認知的フュージョン／正しくは，認知的フュージョンとは「思考」「現実」「自己」の3つを混同してしまうことを指す。詳細は，本章の後半で説明する。

220

患者さんに「いかに体験の回避が問題であるか」を体験してもらうために，「シロクマの実験」というものを行うことがあります。まず「今から3分間，シロクマのことは絶対に考えないでください」とクライエントに教示が与えられます。「シロクマのことを考えない」ことで，疑似的に体験の回避を経験してもらうのです。これはとても難しいのです。最初の数秒は考えないようにできますが，何やってるんだっけと思った途端にシロクマだらけになります。ただ他のことを考えていると3分間くらいは過ごせます。その場合は，3分後「では止めてください」といい，30秒ぐらい黙っています。つまり，体験の回避を解除した状態にします。すると，クライエントの頭の中にシロクマがたくさん浮かんでしまいます。このように，体験の回避は思考のリバウンドを起こしてしまうのです。よって体験の回避は，目の前の安心を得るためには有効かもしれませんが，長期的には有効とはいえません。

事例による理解

それでは改めて，第3章で紹介した広場恐怖のクライエントAさんの援助について，事例の続きを見ていきましょう。

認知も習慣的行動

Th：ずっと乗っていないからわからないかもしれませんが，今でもほんとに乗れないんですかね。

Cl：乗れないです。

Th：そうですか。ただ，地下鉄以外だと乗れるんですよね。

Cl：ええ，急行はダメですけど。

Th：ということは，実際に乗ると，最初の時のように苦しくなるのかもしれないけど，地下鉄と聞くだけで，自動的に，「乗れない，絶対無理」って考えてしまう癖になってる，ということもあるんじゃないですかね。

Cl：ああ，そうかもしれません。

Th：そして，そう考えると，ひどく怖くなって，乗れなくなると。

Cl：その通りです。

第４部　新世代の認知行動療法を学ぶ

　この事例では，援助者とクライエントで合意できる部分を探しています。その中で「地下鉄と聞くだけで，自動的に『乗れない，絶対無理』と考えてしまう癖になっていませんか」という内容に合意ができたようです。このようなクライエントの認知は，本章で紹介してきた言語行動と考えることができます。認知を言語行動とするならば，この「考え方の癖」を，第２章で紹介した行動療法が考える習慣的行動として扱っていくことができます。

言葉と対象の双方向性の体験的理解

Th：ところで，言葉を使って考えると，それが事実に思えてしまうということがあるんですよ。目を閉じて，今から言う言葉を聞いてみてくださいね。いいですか。「れ・も・ん」。どうですか，レモンが浮かんだでしょう。

Cl：ええ。

Th：こんな風に，言葉にはバーチャルな現実を作り出す力があるんですよ。たとえば，文庫本で小説を読むことで，ハラハラ，ドキドキしたり，一度も見たこともない世界で楽しむことができますよね。でも，本を閉じるとその世界はどこにもないでしょう。自分で考えることも同じで，「地下鉄には乗れない」と思うと，立ち尽くしている自分が見えてしまう。以前はたしかに具合悪くなることもあったと思いますが，今はほとんどが，単なる癖で考えているとしたら…。そして，癖で考えたとしても，同じことが起こってしまうんです。

　上記の事例は，先ほどのレモンの話です。言葉には，バーチャルな現実を作り出す力があることを説明しています。自分で考えることも同じで，「地下鉄に乗れない」と思うと，立ち尽くしている自分が見えてしまいます。はじめのうちは，実際に具合悪くなることもあったはずですが，今は乗れないと考えること自体が「単なる癖」，すなわち習慣的行動になっている可能性があるわけです。しかし，習慣的行動でそのような考えが出てきたとしても，考えたことによって作り出されたバーチャルな世界のリアリティは変わりません。そのため，地下鉄に乗るという行動が出なくなってしまうわけです。

222

頭でっかちには、マインドフルネスで対抗

では、頭でっかちな状態に、どのように対応していけばよいのでしょうか。ここで登場するのが、**マインドフルネス**[*8]です。

マインドフルネスをクライエントに説明する時には、**「『こころを閉じない、呑み込まれない』で、現実に目を向けよう」**という説明をします。この言葉を、もう少し詳しく考えていきましょう。

まず「こころを閉じない」とは、体験の回避の代替行動である、**アクセプタンス**を意味します。アクセプタンスのイメージは、自動的に閉じてしまう心の扉を開けておくことにより、現実にしっかり目を向けるというイメージです（アクセプタンス＝ゲーティング機能）。例えば、苦手な人のことを思い浮かべてください。苦手な人と会うときは、嫌な思いをして傷つかないようにと、心の扉が勝手に閉じてしまいます。しかし、その人とちゃんと話をするためには、あえて心の扉を開けておくようにすることが必要になります。

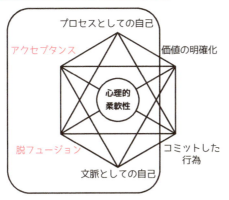

（ルオマ・ヘイズ・ウォルサー、2009；Foody ほか、2012）

***8 マインドフルネス**／本章では、マインドフルネスは、ACT の OS の左側、アクセプタンス、脱フュージョン、プロセスとしての自己、文脈としての自己の4つから構成されるアプローチと定義づけられる。第1部 column も参照。

アクセプタンス＝ゲーティング機能とは

・自動的に閉じてしまう心の扉を、開けておくことによって
現実との接触（プロセスとしての自己）が始まる。

　次に「呑み込まれない」は、認知的フュージョンの代替行動で**脱フュージョン**を意味しています。思考と現実を自動的に混同する行動のことを、認知的フュージョンといいました。思考が生み出すバーチャルな現実に呑み込まれず、抜け出して現実に目を向けることを脱フュージョンという言葉で表現しています。

　私たちが何かを思考すると、それによりバーチャルな世界が作り出されます。考えることは連想することでもあるので、どんどん考え続け、バーチャルな世界が自分の周りにどんどん作り出されていきます。すると、バーチャルな世界の風船の中にはまり込んでしまい、どこまでが思考の世界で、どこまでが現実かわからないような状態になってしまいます。ここで混同されているものは3つあります。「思考」と「現実」と「自分」です。思考の内容と現実が区別されていないだけでなく、見ている自分も風船の中にはまり込んでいますから、見ている自分も混同されているのです。

第 4 章 ◆ 言語行動の光と影

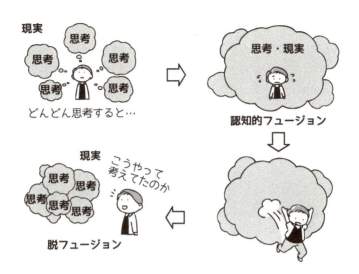

　ですが，私たちはずっとバーチャルな世界から抜け出せないのかというと，そうではありません。いろいろと考え続けているときに，ふと我に返ることがあります。そのような時には一瞬でも思考の流れが止まることにより，見ている自分は風船の外に出ることが可能になります。すると，外に出たところから，先ほどまで考えていた思考と現実を見比べることができ，全然違うということに気づくことができます。これが脱フュージョンです。脱フュージョンのためには，思考と現実を「見ている自分」の自覚が必要となります。

観察者としての自己と脱フュージョン

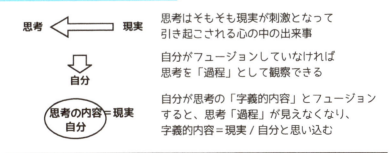

第4部　新世代の認知行動療法を学ぶ

　この脱フュージョンは，自然に起こる行動ではあるのですが，決して高い頻度で起こるものではありません。しかし，認知行動療法の楽観的な部分として，どんなに頻度が低いものでも，自然に現れてくる行動は練習が可能だと考えている点があります。つまり，脱フュージョンも練習によって増やすことができる，と考えられるのです。

　では，改めて先ほどのケースを見てみましょう。

アクセプタンスと脱フュージョンによる機能の変容

Th：いつも同じような状況で，自動的に同じことを考えるのは，自分の心の中に壊れたコンピュータがあって，どのキーを押してもいつも同じ答えを出してくれるようなもの。それでも，いったん考えてしまうと，それが事実に思えてしまうわけです。

Cl：じゃあ，考えないようにすればいいんですか？

Th：でも以前，「大丈夫，大丈夫」と自分に言い聞かせながら乗ろうとしたけどダメだったと言っておられましたよね。

Cl：そうなんです。

Th：一番いいのは，地下鉄に乗ろうとしたときに，「乗れない，絶対無理，だって…」と考えだしたときに，早めにそのことに気づくようにして，「また壊れたコンピュータ君がガチャガチャやってるわ」と思って，言わせておくことですね。それで実際に乗ってみたらどうなるかを見てみれば，今の現実がわかりますね。

　いつも同じような状況で，自動的に同じことを考えてしまうことを，壊れたコンピュータに例えて話をしています。それでも，一旦考えてしまうと，それが現実に思えてしまうのです。今回の事例の場合「地下鉄は絶対に無理」という考えが自動的に出てきて，それを現実と考えてしまう。そして帰ろうということになってしまいます。

　では考えないようにすればよいのかというと，そうではありません。実際「大丈夫，大丈夫」と自分に言い聞かせながら，考えないようにしてもそれは体験の回避になってしまうので，うまくいかないのです。体験の回避では，シロクマの実験のように，逆効果になってしまいます。

226

第 4 章 ✦ 言語行動の光と影

　そこで，地下鉄に乗ろうとして「地下鉄は絶対に無理」と考えはじめた時に，早めにその思考に気づいて「また壊れたコンピュータが勝手に動きはじめたなあ」と客観的に見るのです。これは，習慣化している思考の癖を，外在化している過程といえます。思考の癖を，自分から少し離れた所においておくことで，脱フュージョンを図っているのです。

　また，このコンピュータは壊れているので黙ってくれません。ですから「言わせておくしかない」のです。これがアクセプタンスです。言わせておきながら，でも実際にやってみて，現実はどうなるのか確かめてみると，この難局を切り抜けることができます。

　しかし，このクライエントはもっと手ごわかったとしましょう。以下のような展開になったとします。

"素朴な認知モデル" への脱フュージョンの適用

Cl：でも先生，私やっぱり乗れません。だって，自分で乗れないと思っているのに，乗れるとは思えません。

Th：そうですか？　我々が考えていることが，いつも行動することを決めるとは限りませんよ。ちょっと見ていてくださいね。私はあることを自分に言い聞かせながら，行動してみますから。「私は立てない，立てない，立てない…」。どうですか？　立つことはできましたよね。

Cl：ええ，でもそれは，先生が立とうと思っているから。

Th：Aさんが地下鉄駅まで行って，乗ろうと思うけど，「乗れない，乗れない」と自分に言ってしまうのと同じじゃないですか。実際にやってみないともう答えは出ませんね。

　「乗れないと思っているのだから，乗れない」というクライエントに対し「立てない」と考えながらでも，立てることを示しました。これは思考の重みを減らしています。考えることなど，その程度のことですよ，と伝えているのです。それにより，考えていることの影響力を小さくでき，行動しやすくなるのです。

227

第4部　新世代の認知行動療法を学ぶ

**第4章
まとめ**

●言語行動は，バーチャルな世界を作り出し，そのバーチャルな世界をリアルな現実と区別するのは困難である。

●「頭でっかち」な人は，認知的フュージョンと体験の回避によって，自分の思考によるバーチャルな世界に呑み込まれている。

●脱フュージョンによってバーチャルな世界を外在化し，アクセプタンスによって思考の世界もリアルな現実もともに捉えられるようにしていく。

第 5 章

ACT の進め方

　最後に第5章では，これまでお伝えしてきたことをまとめながら，ACTの進め方を紹介していきます。

創造的絶望

　まず，クライエントの状態は，以下の図のように体験の回避と認知的フュージョンによって，頭の中のバーチャルな世界を行ったり来たりしている，という状況を想定しています。

　また，価値が明確ではなく，自分が何を大事にしたいのか，どのように行動していきたいのかを，改めてよく考えたことがないことが多いです。そのため，ルール支配行動が優位で，実際に行動した結果に対する強化随伴性が弱くなっている状態です。
　そこで，**創造的絶望**という介入を入れていきます。不安をなくそう，つらいのを減らそう，うつをよくしてから行動しよう，痛みをなくそうというのは逆効果であることを，体験的に理解してもらう方法です。

　具体的には,クライエントに「今まであなたは,自分の問題を解決しようとして,どのような方法をとってきましたか」と尋ね,それを全部書き出してもらいます。そして,その1つ1つについて,うまくいったかどうか,尋ねていきます。現時点で自分の問題は解決していないわけですから,書き出した方法のほとんどが,うまくいっていないでしょう。するとクライエントは「どうしたらいいのですか」と絶望します。しかし,その絶望は新しい方法に向かうための絶望ですから,創造的な絶望になります。

ACTの進行

　ではクライエントを創造的絶望の状態においた上で,どうするのでしょうか。ACTの進め方は以下のようになります。

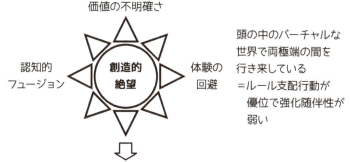

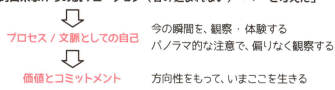

　まず，**アクセプタンス**です。「嫌なことを減らしたい」「考えないようにしたい」と体験の回避をするのではなく，そのままにしておくのです。嫌なことも不安も，そのままにしておくのです。

　次に**脱フュージョン**です。考えたことを自動的に現実と思ってしまうのですが，実際にはそのようなことはないことを伝えていきます。レモンのことを考えると，レモンが見えます。しかし，レモンを現実に出すことができるかと言われたら，出せません。同様に，地下鉄に乗れない自分を考えると，地下鉄に乗れない自分の姿が見えます。しかし，先ほどレモンを現実に出すことができないように，地下鉄に乗れないという自分の姿も，同じように現実ではない，と捉えることができます。このように脱フュージョンします。

　また，脱フュージョンによってアクセプタンスが行われやすくなります。「考えていることは，その程度のことだ」と思えるようになると，思考をそのままにして行動ができるようになるわけです。

　次に，プロセスとしての自己と文脈としての自己です。**プロセスとしての自己**は，今，ここを感じる自己です。**文脈としての自己**は，自分が置かれて

いる文脈，環境を広く感じとる自己です。

　例えば地下鉄に乗れない人は，文脈としての自己が非常に変な形で働くことがあります。一緒に地下鉄に乗ったあるクライエントは，地下鉄に乗った途端に震え出しました。降りた時に「どうでしたか」と聞いてみると「地下鉄に乗ったら，周りの壁が自分に迫ってきて，押しつぶされそうになりました。それがもう怖くて」と言います。もちろん，地下鉄の壁が迫ってくることはありませんし，地下鉄の中はクライエントが言うよりも広いです。これは脅威モニタリングといって，怖い物ばかりに目がいくことで，空間の認知まで歪んでしまったわけです。そこで，地下鉄の中がどのくらい広がっているのか，感じてみましょうと伝えて一緒に乗りました。すると「今回はもっと広がりが感じられました」と伝えてくれただけでなく，どんな客が乗っていたのかも伝えてくれたのです。そして，先ほどよりも落ち着いていられたとのことでした。これは，文脈としての自己の活用法です。

　このようにプロセスとしての自己や文脈としての自己を十分に働かせたうえで，自分の考える価値に向かって，方向性をもって，今，ここを生きるという方向に進めていくのです。

創造的絶望の効果

　次の図は，創造的絶望が明らかな効果を示したBさんの様子です。このBさんは，ずっと公務員として仕事をしてきた人でした。いろいろなトラブルがあり，定年の1年前に自主退職をしました。そこから具合が悪くなり，多少うつもあったのですが，胃の調子が悪くて食べられず，体重も落ちてきました。さらに夜も，眠れません。何とか胃の具合が悪いのを治そうと薬をいろいろもらったようですが，効きません。自律訓練法*9を試してみましたが，こちらでもよくなりませんでした。

---

*9 自律訓練法／背景公式，第1公式～第6公式と呼ばれる自己暗示の言葉を心の中で唱えることにより，リラックス状態を得る方法。詳細は，第1部 column を参照。

創造的絶望が明らかな効果を示したBさん

特定不能の不安障害にACTを適用したケース
コントロールのアジェンダの放棄＝創造的絶望が転機となっている

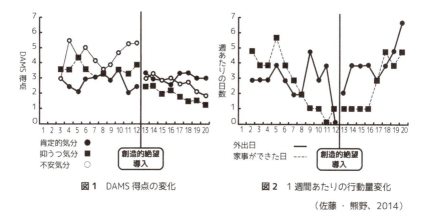

図1 DAMS得点の変化　　　**図2** 1週間あたりの行動量変化

（佐藤・熊野、2014）

　図1は，肯定的気分，抑うつ気分，不安気分をまとめたものです。図2は，行動量の変化を追うために，1週間あたりの外出日数と家事を行った日数を記録したものです。特に図2を見ていただくと，だんだん家事をする日が減っており，活動性が低下していることがわかります。

　そこで創造的絶望を導入しました。「体の具合が悪いことをなくそうとしたら，ますますそちらが気になり，かえって具合が悪くなるだけなので，一度諦めてください」と伝え「体の具合のことは一度諦めて，もっと生活を活発にできるようにしていきましょう。それは少しつらいことですが，実際にやってみて結果を見てみましょう」と話をしました。創造的絶望の導入以降は，外出日も家事をする日も増えています。これは，創造的絶望が腑に落ちてから，よくなってきたというケースです。

観察者としての自己の自覚

　脱フュージョンのためには，思考と現実を分けて，少し離れた所でそれらを観察する自己[*10]が必要だと先に説明しました。また，自分の生きている文脈（環境）を広く捉えるためにも，観察をしている視点が大事になります。観察者としての自己とは，先ほど登場した文脈としての自己と同じ行動的プ

第4部　新世代の認知行動療法を学ぶ

ロセスを，別の言葉で表現したものです。ACT において，この観察者としての自己を自覚してもらうことが，非常に重要となります。

　観察者としての自己を自覚してもらうための課題が，以下の**「自由連想タスク」**です。

「自由連想タスク」

－観察者としての自己の自覚と，私的出来事との弁別－

- 今から少し時間を取って，普段よく使う言葉のリストを読み上げていきます。
- その際に，あなたの心はそれぞれの言葉に反応していろいろと動くと思いますが，好きなようにさせておいてください。ここでは，心の反応を意識的にコントロールしようとしないことが重要です。心の中で起こる出来事に，受身的に気づくようにだけしてみてください。
- そうすると，ほとんど何も浮かんでこないこともありますし，映像やイメージが浮かんでくることもあれば，気持ちや感覚の動きまで感じられることもあります。
- それでは，これから普段よく使う言葉を，1つずつ読み上げてみます。みかん，鉛筆，テーブル，虎，木，ガラス，そよ風，銅像…自分の心を眺めてみたとき，何が起こりましたか。

（ウェルズ，2012）

　ポイントは，言葉を聞いた時，自分で考えようとせず，自分の心がどのように反応するかを，観察者としてただ見ることです。そうすると，例えば「そよ風」と「台風」といわれた時の心の反応は全然違いますし，そしてそれを観察することも可能であることがわかります。

---

*10 観察する自己／ ACT の OS における「プロセスとしての自己」と同義。

注意の分割

別の課題も紹介します。「足を意識して，文章を読む」エクササイズです。

「足を意識して，文章を読む」エクササイズ

－文脈／場としての自己を体験する－

- あなたの足に注意を向けてください。どんな感じがしますか？　足に注意を向けたまま，以下の数行を読んでください。

  さいた　さいた
  チューリップの　花が
  ならんだ　ならんだ
  赤　白　黄色
  どの花みても
  きれいだな

  （ヘイズ・スミス, 2008）

　足に注意を向けたまま，6行の文章を読んでも，あまり場面が浮かんでこないのが普通です。この6行の文章はご存知の方も多いであろう「チューリップ」の歌ですから，普通はメロディが聞こえてきたり，赤・白・黄色のチューリップのイメージが見えたりするのですが，そのようなことがなかなか出てきません。

第4部　新世代の認知行動療法を学ぶ

　これは何をやっているのかというと，**注意の分割**を行っています。私たちの心のキャパシティーを注意資源と呼んだ場合，足の裏に注意を向けると，限られた注意資源をそこに使うので，残った注意資源で文章を読まなくてはいけません。そうすると，イメージを浮かべたり，メロディを浮かべたりするキャパシティーがもうなくなってしまうのです。

　このことは，あらかじめ注意資源を使っておけば，余計なことを考えなくてすむことを意味しています。よって，体験の回避を行い，嫌なことを考えないようにするのではなく，むしろ先ほどの「文脈としての自己」を活用して，いろいろなものに気を配ることが大事なのです。いろいろなものに気を配ることにより，注意資源が消費されてしまいますので，考える余地がもう残らなくなるのです。その結果，余計なことを考えずにすみますので，認知的フュージョンも起こさずにすみますし，いろいろなものに気を配っているということはきちんと現実を感じているということですから，アクセプタンスも実現できるわけです。

　つまり，文脈としての自己[11]は，このような注意の分割と関係して働くと考えられます。

そして，行動活性化も進めていく

　ここまで来れば「頭でっかち」の部分はかなり柔らかくなっているでしょうから，ようやく行動活性化を進めることができます。

---

[11] 文脈としての自己／「場としての自己」と表現されることもある。

そして行動活性化も進めていく

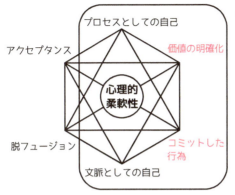

- 向社会的行動を促進する。
  - 価値の明確化
  - コミットした行為
  - プロセスとしての自己
  - 文脈としての自己

（ルオマ・ヘイズ・ウォルサー、2009；Foodyほか、2012）

行動活性化の詳細は第3章を参照してください。なお，行動活性化といっても，どんな行動でも活性化すればよいわけではありません。行動活性化に必要となることが，**価値の明確化**です。

価値の明確化

- 自分が生きていこうとする「方向」や「ぶれない中心」を言語化すること。認知的フュージョンの影響を当然受けるため，偏りなく言語化するためにはマインドフルネスが必要になる。
- 人生で得られる強化が最大になる生き方を意味しているので，価値にコミットした行為によって，実際に元気が出る，心が軽くなるといった結果が得られるかどうかの「裏を取る」必要がある。
- 価値に注目することで，人生の節目での選択の問題にも対応可能になる。

価値の明確化とは，自分が生きていこうとする「方向」や「ぶれない中心」を言語化することです。文学的な言葉なので誤解されやすいのですが「価値」とは，その方向に向かって生きていたら，自分が人生で得られる満足感が最大になる方向性のことです。本来これは，死ぬ前でないとわからないもので

第4部　新世代の認知行動療法を学ぶ

す。死ぬ前にあなたがもう1回生きるとしたらどうですか，と尋ねた時，同
じ人生を生きると言える人は，自分の価値に沿って生きられた人です。もう
二度とこのような人生は嫌だと言った人は，価値に沿って生きられなかった
人です。そのような「価値」を，あらかじめ言葉にしてみましょうというこ
とが，価値の明確化なのです。これは当然，認知的フュージョンの影響も受
けるので，うまくできないことが前提です。まず，偏りなく言語化するため
には，マインドフルネスが役に立ちます。

　それでもうまくできているかどうかを確認する必要があるので，言語化し
た「価値」にコミットした行為を実際に行ってみるのです。行動して少し元
気が出たり，心が軽くなったりすることがあれば，それは「価値」である可
能性が高いです。行動しても，どんどん疲弊していくことは「価値」ではな
い可能性が高いでしょう。このように価値を明確化し，その価値にコミット
した行為を活性化していくことが，行動活性化の目的です。このように，価
値の明確化とコミットした行為は，常にペアで出てくると覚えておくとよい
でしょう。

ACT のアセスメント

　ACT のアセスメントは，6つの行動的プロセスからなる OS を用いて考え
ます。6つの柔軟な行動的プロセスのそれぞれ裏側にあるものが，以下の病
的な行動的プロセスです。

柔軟な行動的プロセス		病的な行動的プロセス
アクセプタンス	⇔	体験の回避
プロセスとしての自己	⇔	不注意
コミットした行為	⇔	行為の欠如
脱フュージョン	⇔	認知的フュージョン
文脈としての自己	⇔	概念化された自己
価値の明確化	⇔	価値不明確

　この病的な行動的プロセスのうち，前者3つ，つまり「体験の回避」「不注
意」「行為の欠如」は「回避」としてまとめることができます。また後者3つ，

238

「認知的フュージョン」「概念化された自己」「価値不明確」は**「言語行動のマイナス面」**としてまとめることができます。一方で，柔軟な行動的プロセスのうち，前者3つ，つまり「アクセプタンス」「プロセスとしての自己」「コミットした行為」は**「随伴性形成行動」**としてまとめることができます。また後者3つ，「脱フュージョン」「文脈としての自己」「価値の明確化」は**「言語行動のプラス面」**としてまとめることができます。

ACTのアセスメント

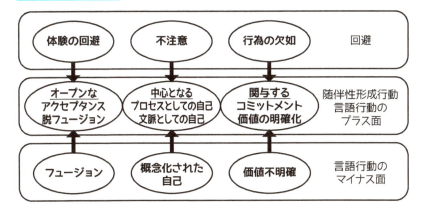

以上の説明を上図のようにまとめると，真ん中の代替行動は，**「随伴性形成行動と言語行動のプラス面」**としてまとめることができますが，これらはそれぞれ2つずつを対にして「オープンな反応スタイル」「中心となる反応スタイル」「関与する反応スタイル」と呼ばれています。ここで，言語行動のプラス面は随伴性形成行動に対して確立操作として働いていると考えると理解しやすいと思います。

このように，ACTでは行動療法のように厳密な機能分析を行わなくとも，柔軟／病的なそれぞれ6つの行動的プロセスとその組み合わせに注目することで，さまざまな側面をアセスメントすることができると考えられています。

まとめ

　ACTのアセスメントの図をもとに，これまで紹介してきたACTの介入について整理しましょう。ACTの介入は，下図のように大きく2つのプロセスに分けることができます。

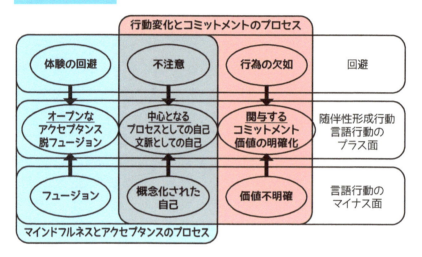

ACTのアセスメント

　まず上図の「行動変化とコミットメントのプロセス」です。これは，主に第3章で紹介した部分です。代替行動を実行する動機づけを高めるための「価値」を言語化し，それにコミットした行為を増やすよう，行動活性化を行うプロセスです。

　しかし「頭でっかち」では行動活性化が進みません。そこでもう1つのプロセスである図の「マインドフルネスとアクセプタンスのプロセス」です。こちらは主に第4章で紹介した部分です。アクセプタンスと脱フュージョンを強化していくことで「頭でっかち」な部分を弱め，ルール支配行動から抜け出しやすくしていきます。

　そして，上図の中央に位置する「プロセスとしての自己」「文脈としての自己」を増やす実践を続けることで，現実との接点が維持され，きちんと現実を見ながら，その中で適切な選択ができるようになります。この2つの自己

はACTのOSの中心となって、アクセプタンスやコミットした行為などの代替行動を学習するための確立操作として、両方の介入プロセスで機能しているため、非常に重要となります。

しかし、ACTのOSでうまく進まない場合もあります。その場合には、機能分析を行い、どこがうまく行っていないのかを確認しましょう。機能分析とACTのOSを対応させたものが、次の図になります。

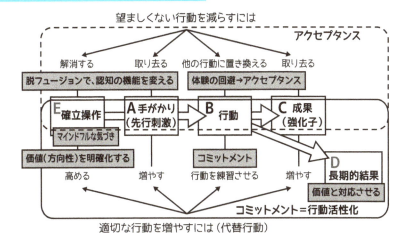

（鈴木・神村、2005を元に作成）

このように機能分析と対応させることで、ACTのOSが想定する6つの行動的プロセスを、より適切に理解することが可能となるでしょう。以上で、新世代の認知行動療法の1つであるACTの紹介を終わります。

＜参考図書＞
・『ライフスタイル療法〈1〉 第4版 生活習慣改善のための行動療法』足達淑子著、医歯薬出版、2014
・『実践家のための認知行動療法テクニックガイド：行動変容と認知変容のため

のキーポイント』坂野雄二監修，鈴木伸一，神村栄一著，北大路書房，2005
- 『うつ病の行動活性化療法：新世代の認知行動療法によるブレイクスルー』C・R・マーテル，M・E・アディス，N・S・ジェイコブソン著，熊野宏昭，鈴木伸一監訳，日本評論社，2011
- 『ACT（アクセプタンス＆コミットメント・セラピー）をまなぶ―セラピストのための機能的な臨床スキル・トレーニング・マニュアル』J・B・ルオマ，S・C・ヘイズ，R・D・ウォルサー著，高橋史，熊野宏昭，武藤崇監訳，星和書店，2009
- 『メタ認知療法―うつと不安の新しいケースフォーミュレーション』A・ウェルズ著，熊野宏昭，今井正司，境泉洋監訳，日本評論社，2012
- 『ACT（アクセプタンス＆コミットメント・セラピー）をはじめる―セルフヘルプのためのワークブック』S・C・ヘイズ，S・スミス著，武藤崇，原井宏明，吉岡昌子，岡嶋美代訳，星和書店，2010
- Mairead Foody, Yvonne Barnes-Holmes & Dermot Barnes-Holmes: The Role of Self in Acceptance & Commitment Therapy. In Louise McHugh, Ian Stewart (eds): The Self and Perspective Taking: Contributions and Applications from Modern Behavioral Science. Context Press, 2012

＜参考文献＞
- 佐藤有佳，熊野宏昭：創造的絶望の導入により症状の改善が見られた不安障害の一事例．早稲田大学臨床心理学研究，13(1):3-14, 2014

第5章
まとめ

●ACT では，代替行動を実行する動機づけを高めるルールとなる「価値」を言語化し，それにコミットした行動を活性化する。

●「頭でっかち」だと行動活性化が進まないので，アクセプタンスと脱フュージョンを強化していく。

●プロセスとしての自己，文脈としての自己を増やす実践を続けることで，現実との接点が維持され，代替行動を学習するための確立操作として機能するようになる。

第4部 確認問題

1 以下は，新世代の認知行動療法「ACT」が想定する6つの行動プロセスと，対応する病的な行動パターンを表に整理したものである。表中の空欄に当てはまる語を答えなさい。

行動プロセス		病的な行動パターン
アクセプタンス	⇔	（①　　　　　　）
（②　　　　　　）	⇔	不注意
（③　　　　　　）	⇔	行為の欠如
脱フュージョン	⇔	（④　　　　　　）
（⑤　　　　　　）	⇔	概念化された自己
（⑥　　　　　　）	⇔	価値不明確

2 次の問いに答えなさい。

(1) 認知的フュージョンと脱フュージョンとは何か，両者を関連づけて説明しなさい。

(2) 2000年代になって登場した「新世代の認知行動療法」は，従来の認知行動療法とどのような点で異なるか説明しなさい。

第4部　確認問題／解答

1　① 体験の回避　　② プロセスとしての自己
　　③ コミットした行為　　④ 認知的フュージョン
　　⑤ 文脈としての自己　　⑥ 価値の明確化

2　(1)（解答例）認知的フュージョンとは，思考（考えているだけのこと）と現実そして自分を自動的に混同する行動を指す。特に否定的な思考と現実や自分の混同によって，ありもしない否定的な評価を現実として感じるようになってしまう。

　　　脱フュージョンとは，このような認知的フュージョンから脱することである。思考を止め（気づいたところで切り上げ），思考の外から「見ている自分」を自覚することにより，思考と現実を見比べることができ，思考と現実と見ている自分は別のものであると気づくようになる。

　　(2)（解答例）2000 年代に登場した「新世代の認知行動療法」には，従来の認知行動療法にはない，2 つの共通点がある。

　　　1 つ目は，「認知の機能」への注目である。従来の認知行動療法は「認知の内容」を変えることに重きが置かれていた。そこでは認知の内容が行動や感情を決定するという認知モデルが前提になっていたが，実際には認知が変わらなくても行動や感情が改善することもあり，また認知を変えようとすると，逆に行動や感情へのネガティブな影響が強くなるという逆説的効果も報告されている。そこで，同じことを考えてもそれほど本気にしないといった認知の影響力＝機能を変えることを目指す方法を採用するようになった。

　　　2 つ目は，「認知の機能」を変えていくための介入として，マインドフルネスやアクセプタンスといった技法が使われるようになった点である。心を閉じず，思考に呑み込まれず，目の前の現実に偏りなく注意を向けることによって，認知の影響力を下げ，現実をありのまま捉えることができる。それを繰り返していくことで，実際の場面ごとに求められるような適切な行動ができるようになるのである。

　　　以上のように「新世代の認知行動療法」は，従来の認知行動療法と比較して，認知の機能に注目する点，マインドフルネスやアクセプタンスといった技法が用いられる点という 2 点で異なるといえよう。

索引

英文

ABCDE 分析	204
ABC 分析	191
ABC モデル	171
ACT	190, 199, 209
BA	196
CBT	3
DBT	196
DSM	39
ICD	39
MBCT	197
MBSR	196
MCT	197
PTSD	183
SUD	106
WAIS	31
WISC	31
WPPSI	31

和文

あ行

アクセプタンス	191, 223
アクセプタンス＆コミットメントセラピー	
	190, 196
アセスメント	19
安全確保行動	181
安全探索	177
アンヘドニア	144
ウェクスラー式知能検査	31
うつ病	208
エクスポージャー法	59, 85, 98

エビデンスベイスド・プラクティス	3
応用行動分析	56, 62
オペラント学習	112
オペラント条件づけ	62

か行

外在化	16, 87
介入の対象	35
回避	182, 238
回避行動の習慣化	103
カウンセラー	15
カウンセリング	6
過学習	109
学習解除の機会損失	100
確立操作	202
価値の明確化	210, 237
活動記録表	63
環境	9
環境と人間の相互作用	10
観察者としての自己	233
観察情報	30
感情	12, 34
感情的推論	177
記憶のプロセス	177
機能分析	146, 149, 164, 203
脅威の知覚	176
脅威モニタリング	232
脅威を高めるイメージ	177
共感	19, 137
共感的理解	19, 51
協同	67
協働関係	17, 39, 136
協同的実証主義	67

強迫観念	59, 166	習慣的行動	201
強迫行為	59, 166	自由連想タスク	234
強迫症	166	自由連想法	15, 51
恐怖反応	98	主訴	25, 90
クライエント	15	条件づけ	98
経験	8	情動マネジメントスキル	85
ケース・フォーミュレーション	37, 90	情報収集	29
ゲーティング機能	224	情報処理の活性化	99
結果要因	112	自律訓練法	61, 232
言語行動	217	事例性	40
—のプラス面	239	身体	12
—のマイナス面	239	心的外傷	8
検査情報	30	心理教育	41, 83, 136
行動	12, 34, 112, 201	心理臨床学	4
行動活性化	63, 144	随伴性	202
行動活性化療法	196, 206	—の理解	95
行動分析学	199	随伴性形成行動	239
行動療法	134, 190	図式化	130
公認心理師	2	スモールステップ	53
公認心理師法	2	精神医学的診断	39
誤学習	109	正の強化	202
コミットした行為	210	生物—心理—社会モデル	48, 132
		積極的賞賛	86

さ行

シェイピング法	62
刺激—反応—結果	44
自己一致	51
思考	34
—の癖	227
思考記録表	34, 61
自己概念	8
事象レベル	94
実証	67
疾病性	40
自動思考	60, 172
自罰的な考え込み	143

セルフコントロール	78
セルフモニタリング	83
先行刺激	112, 201
素因	44, 150
創造的絶望	229

た行

第3世代	65
体験学習	79
対処行動	44
代替行動	205
—の再学習	44
タイムアウト法	63

246

脱中心化	87
脱フュージョン	224
短期報酬	183
知能検査	31
注意の集中	177
注意の分割	235
長期的な結果	202
定式化	130
適応スキル	85
転移感情	15
動因	112
動機づけ	42
トークン・エコノミー法	62

な行

並んで眺める関係	16
認知	12
―の機能	197
―の歪み	116
認知行動療法	3
―における共感	22
―に対する誤解	6
―の成立過程	149
認知再構成	206
認知再構成法	60, 85, 116
認知的フュージョン	220
認知モデル	146, 170
認知療法	56, 134, 190

は行

曝露	59
曝露反応妨害法	56, 59
曝露法	59
発生要因	146, 151
発達経験	173

発展要因	146, 151
パートナーシップ	41
パニック症	212
反射	137
病態水準	23
広場恐怖	212
負の強化	35, 207
プロセスとしての自己	231
文脈としての自己	231, 236
弁証法的行動療法	196
ポジティブ・フィードバック	86
ホームワーク	41, 86

ま行

マインドフルネス	56, 223
マインドフルネスストレス低減法	196
マインドフルネス認知療法	62, 65, 197
マクロな次元	150
未学習	109
ミクロな次元	149
見立て	131
無条件の肯定的関心	51
明確化	137
メタ認知療法	197
メタレベル	94
面接情報	30
問題行動	209

や・ら行

予期不安	99, 177
抑圧	8
力動的心理療法	6
リーダーシップ	41
臨床心理士	2

シリーズ編集・監修者紹介

下山晴彦 博士（教育学）
東京大学学生相談所助教、東京工業大学保健管理センター講師、オックスフォード大学客員研究員などを経て、現在、東京大学大学院教育学研究科 臨床心理学コース教授。日本心理臨床学会副理事長などを歴任。『臨床心理学をまなぶ①これからの臨床心理学』『同②実践の基本（東京大学出版会）』『よくわかる臨床心理学（ミネルヴァ書房）』など著書多数。

著者紹介

熊野宏昭 博士（医学） 第4部担当
東京大学心療内科医員、東京大学大学院医学系研究科ストレス防御・心身医学（東京大学心療内科）助教授・准教授などを経て、2009年より早稲田大学人間科学学術院 臨床心理学領域教授。早稲田大学応用脳科学研究所長を兼務。日本認知・行動療法学会理事長、日本不安障害学会理事などを歴任。『新世代の認知行動療法（日本評論社）』など著書多数。

鈴木伸一 博士（人間科学） 第2部担当
岡山県立大学保健福祉学部専任講師、広島大学大学院心理臨床教育研究センター助教授などを経て、2007年より早稲田大学人間科学学術院 臨床心理学領域教授。日本認知・行動療法学会常任理事などを歴任。『レベルアップしたい実践家のための 事例で学ぶ認知行動療法テクニックガイド（北大路書房）』など著書多数。

下山晴彦 第1・3部担当

〈原稿作成協力〉**宮川 純** 河合塾KALS講師。名古屋大学大学院教育発達科学研究科心理発達科学専攻修了。

NDC140　255p　21cm

臨床心理フロンティアシリーズ　認知行動療法入門

2017年10月30日　第1刷発行
2021年 7月21日　第4刷発行

シリーズ編集・監修	下山晴彦
著　者	熊野宏昭・鈴木伸一・下山晴彦
発行者	髙橋明男
発行所	株式会社 講談社
	〒112-8001　東京都文京区音羽2-12-21
	販売　(03) 5395-4415
	業務　(03) 5395-3615
編　集	株式会社 講談社サイエンティフィク
	代表　堀越俊一
	〒162-0825　東京都新宿区神楽坂2-14　ノービィビル
	編集　(03) 3235-3701
本文データ制作	株式会社 エヌ・オフィス
カバー表紙印刷	豊国印刷 株式会社
本文印刷・製本	株式会社 講談社

落丁本・乱丁本は、購入書店名を明記のうえ、講談社業務宛にお送りください。送料小社負担にてお取替えいたします。なお、この本の内容についてのお問い合わせは、講談社サイエンティフィク宛にお願いいたします。定価はカバーに表示してあります。

© H. Kumano, S. Suzuki and H. Shimoyama, 2017

本書のコピー、スキャン、デジタル化等の無断複製は著作権法上での例外を除き禁じられています。本書を代行業者等の第三者に依頼してスキャンやデジタル化することはたとえ個人や家庭内の利用でも著作権法違反です。

JCOPY 〈(社)出版者著作権管理機構 委託出版物〉

複写される場合は、その都度事前に(社)出版者著作権管理機構（電話 03-5244-5088, FAX 03-5244-5089, e-mail: info@jcopy.or.jp）の許諾を得てください。

Printed in Japan

ISBN 978-4-06-154811-4